BOHÊME ROMANTIQUE

Du même Auteur :

La Bataille romantique, 2 vol. in-16 (*Hachette*).

Beaumarchais et les affaires d'Amérique, 1 vol. in-8° (*Champion*).

Gérard de Nerval, Correspondance, publ. avec une introduction et des notes, 1 vol. in-18 (*Mercure de France*).

Stendhal, le Rouge et le Noir, publ. avec une introduction historique et des notes, 2 vol. in-8° (*Champion*).

A. Rabbe, Album d'un pessimiste, publ. avec une introduction, 1 vol. in-12 (*Bibliothèque romantique, Les Presses françaises*).

Théâtre d'hier et d'aujourd'hui, 1 vol. in-16 (*Editions des Cahiers libres*).

En cours de publication :

Gérard de Nerval, Œuvres complètes (*Champion*).

JULES MARSAN

BOHÊME ROMANTIQUE

(Documents Inédits)

AUX ÉDITIONS DES
CAHIERS LIBRES
57, Avenue Malakoff - Paris

CET OUVRAGE, ACHEVÉ D'IMPRIMER LE 20 MARS 1929, SUR LES PRESSES DES ÉDITIONS DES CAHIERS LIBRES, A TOULOUSE, A ÉTÉ TIRÉ A HUIT CENT TRENTE EXEMPLAIRES NUMÉROTÉS, A SAVOIR : TRENTE EXEMPLAIRES SUR HOLLANDE PANNEKOEK, NUMÉROTÉS DE I A XXX ET HUIT CENTS EXEMPLAIRES SUR ALFA OUTHENIN, NUMÉROTÉS DE 31 A 830, PLUS UN CERTAIN NOMBRE D'EXEMPLAIRES HORS COMMERCE ET NON NUMÉROTÉS.

N°

ALOYSIUS BERTRAND

***Dessins originaux d'Aloystus* BERTRAND.**

Dessin original d'Aloysius BERTRAND.

Aloysius Bertrand.

Parmi les romantiques de second plan, celui-ci du moins a laissé une œuvre, et une œuvre achevée. Son nom évoque autre chose que des souvenirs pittoresques, qu'une silhouette falote et bouffonne. Il ne s'est pas amusé à jeter à la tête des bourgeois les extravagances de Trialph ou les malédictions de Champavert; il n'a pas promené dans les cafés et les cénacles un gilet à la Robespierre; il s'est gardé du cabotinage, quand le cabotinage était souverain.

Il avait la pudeur de ses sentiments et le respect de son art. En ces temps de production fébrile, un seul livre, et posthume, mais qui mérite de vivre : œuvre sans grande profondeur, mais patiemment ciselée, d'une perfection minutieuse, d'une sûreté d'exécution impeccable. Une galerie de petits tableaux, étonnants de relief et de couleur; point de surcharge; rien qui n'aille droit au but; pas un mot dont la valeur pittoresque et musicale n'ait été pesée; un sens nouveau de l'harmonie, une phrase dépouillée, sèche d'apparence et pourtant d'une sonorité si pleine...

Louis Bertrand était né le 20 avril 1807, dans la petite sous-préfecture de Ceva, à une centaine de kilomètres de Turin. Son père, Lorrain d'origine, après de longues campagnes et plusieurs blessures, y tenait garnison comme lieutenant de gendarmerie et s'était uni à une jeune Piémontaise. Capitaine en 1812, il fut deux ans plus tard, nommé commandant de la compagnie des Landes; puis, ce fut la retraite, et la famille entière, en novembre 1815, se transporta à Dijon.

« J'aime Dijon, comme l'enfant sa nourrice... », écrira Louis Bertrand. C'est là qu'il fit ses études, au Collège royal que dirigeait alors le bibliographe Gabriel Peignot. C'était déjà un garçon sérieux et grave, de tempérament délicat, un peu sauvage; mais rien ne faisait prévoir l'écrivain qu'il allait devenir : un prix de discours français, quelques vers crayonnés sur les bancs du collège, — il n'y a pas grand'chose à conclure de cela.

Un biographe attentif, M. Henri Chabeuf, a suivi de très près ces années de jeunesse (1); il cherche à découvrir les germes d'une vocation, fait appel au

---

1 H. CHABEUF, *Louis Bertrand et le romantisme à Dijon*, Dijon, Darantière, 1886, in-8°. — Voy. encore la préface de Sainte-Beuve à l'édition originale de *Gaspard de la Nuit*, Angers, V. Pavie, 1842 (étude reproduite dans les *Portraits littéraires*, t. II); — Arsène HOUSSAYE, *Voyage à ma fenêtre*, Paris, Lecou, p. 201-207; — Ch. ASSELINEAU, Notice de l'édition Pincebourde de 1868; — Ch. ASSELINEAU, *Bibliographie romantique*, Paris, 1866-1872 [reproduit une note de V. Pavie et une lettre de David d'Angers publiées déjà dans la *Revue de l'Anjou et du Maine*, 1857, p. 47-51];

témoignage de ceux qui le connurent alors... Il faut se défier de ces souvenirs — à de longues années d'intervalle. Il est trop facile de prédire ce que devait être une existence, quand on connaît ce qu'elle a été. En somme, une seule chose est certaine : le goût qui, en 1825 et 1826, le portait vers les lettres, mais vers les lettres traditionnelles, et sans esprit de révolte.

La jeune génération dijonnaise ne percevait encore que lointain l'écho des premières querelles romantiques. Elle tenait à l'ordre, à la discipline, à des libertés modérées. Théophile Foisset gagnait des adeptes à son catholicisme libéral; quant au jeune Lacordaire, il inspirait des inquiétudes par l'audace, un peu révolutionnaire, de sa pensée.

Dès sa sortie du collège, Louis Bertrand fit partie de cette *Société d'études* qui s'était constituée sur le modèle de la société parisienne des *Bonnes études*, professant le respect « de la religion, de la monarchie et des libertés publiques », et qui tint ses assises jus-

— Fortuné CALMELS, article de la *Revue fantaisiste*, t. III, 15 octobre 1861, p. 303-315; — CHAMPFLEURY, *Les Vignettes romantiques*, Paris, Dentu, 1883 ,p. 210-213; — Th. PAVIE, *V. Pavie, sa jeunesse, ses relations littéraires*, Angers, Lachèse, 1887 (2e partie, chap. V, p. 233-239); — A. JULLIEN, *Le Romantisme et l'éditeur Renduel*, Paris, Charpentier, 1897, p. 196-213; — G. BRANDÈS, *L'école romantique française*, trad. A. Topin, Paris, Michalon, 1902, p. 370-374; — L. SÉCHÉ, *Le cénacle de Joseph Delorme*, Paris, Mercure de France, 1902, t. II, p. 48-92 [lettres inédites de David d'Angers]; — J.-Charles PAVIE, *L. Bertrand* (*Revue de Paris*, 15 août 1911). — Postérieurement à la présente étude, le livre de M. Cargill SPRIETSMA, *Louis Bertrand dit Aloysius Bertrand*, Paris, Champion, 1926.

qu'en 1832. On discutait sagement de philosophie, de lettres, d'histoire et de législation; on écoutait des lectures, on disait des vers. La jeunesse prenait le goût des choses de l'esprit et de la mesure. « Une telle Société, disait Foisset, ne peut être qu'une démocratie (1)... » Mais c'était la démocratie la plus prudente et la plus respectueuse, et quand *le Provincial* devint, en 1828, son organe officiel (2), il se garda bien d'afficher, en littérature comme en politique, un programme de combat : à la condition que fussent assurés les intérêts de la religion, le libéralisme grisâtre du *Globe* lui suffisait.

Tout d'abord, cependant, il avait paru vouloir mener campagne en faveur d'un certain régionalisme. *Le Provincial, recueil périodique dédié à quatre-vingt-cinq départements*, lisait-on en tête de la première livraison; mais, dès la seconde, le sous-titre disparut. En tout cas, cette ferveur régionaliste n'alla pas jusqu'à lui faire négliger quelques patronages glorieux. De leur côté, les écrivains parisiens tournaient vers la province des yeux recruteurs; sollicités, ils s'empressèrent de répondre. Charles Nodier écrivit longuement, sans se compromettre. Charles Brifaut aiguisa les grâces poin-

1. Cité par CHABEUF, p. 56-60.

2. Fondé par Th. Foisset, de Saint-Seine et d'Andelarre. Au premier numéro (1er mai 1828), un article programme de Charles Brugnot. Parmi les rédacteurs encore, Sylvestre-François Foisset, Maillard de Chambure, Joseph Bard, Forneron...

tues de son esprit. Victor Hugo, toujours en quête d'admirateurs nouveaux et préoccupé de faire rayonner sa gloire, se montra solennel et chaleureux. Chateaubriand prodigua, de très haut, de nobles conseils. Un jeune inconnu, qui se nommait Alfred de Musset et que Ch. Brugnot présenta lui-même, envoya des vers (1).

Louis Bertrand avait accepté le titre de gérant, mais il abandonna bientôt ses fonctions. Seules les lettres l'intéressaient encore. A vrai dire, les vers qu'il publia au *Provincial* ne dépassaient pas une moyenne banale (2)... Plus originaux, les brefs mor-

---

1. *Un rêve*, numéro du 31 août. Voy. M. Allem, *Œuvres complémentaires d'A. de Musset.*

2. Voy. l'édition Asselineau de 1868 et le *Keepsake fantastique* publ. par M. GUÉGAN (*La Sirène*, 1924). — Voici une pièce inédite et datée du 29 octobre 1830 :

L'AUTOMNE DANS LES BOIS

J'aime à rencontrer ces fleurs jaunes,
Fleurs d'automne, belles encor,
Que foulaient autrefois les faunes
Et qu'à présent le roi des aulnes
Cueille avec sa faucille d'or.

J'aime, dans l'ombreuse clairière,
Couché seul et presque dormant,
A voir scintiller la lumière
A travers les rideaux du lierre
Qui me voilent en m'embrassant,

Et, debout sur la roche lisse,
A lancer, enfant de la nuit,
Ma voix au fond du précipice

ceaux de prose par lesquels il préludait à son futur *Gaspard de la nuit.* Ce recueil, qui devait être l'œuvre de toute sa vie, déjà il l'annonçait, il lui avait donné un titre : « Ces trois pièces, écrit-il le 12 septembre, font partie d'un recueil de compositions du même genre que l'auteur se propose de publier très prochainement sous le titre de *Bambochades romantiques.* »

Ces trois pièces, ce sont : *Le Clair de lune, Les Lavandières, La Gourde et le flageolet.* Toutes trois se retrouveront, après des retouches nombreuses, dans le livre définitif. Ch. Asselineau les a publiées sous leur première forme, et il n'est pas sans intérêt de conférer ces divers états [1]. On saisit sur le vif le travail de

Où la brume murmure et glisse
Comme un fantôme qui s'enfuit...

Quand j'essayais mes jeunes lyres,
Nature, en la saison des fleurs,
A tes parfums, à tes zéphires
J'ai donné mes premiers sourires,
Comme à l'amour mes derniers pleurs.

Sentier où l'âme se recueille,
Coteaux, vallons silencieux,
Qu'on y résiste ou qu'on le veuille,
Il faut aux vents jeter sa feuille,
Il faut rendre son âme aux cieux.

1. *Le clair de lune* garde son titre dans le *Gaspard de la nuit.* — *Les Lavandières* prennent celui de *Jean des Tilles* et *la Gourde et le flageolet* devient *l'Air magique de Jehan de Vitteaux.* — De cette première version du *Clair de lune,* A. Petit, ami personnel de L. Bertrand, donne, d'après un manuscrit autographe, un texte légèrement différent de celui d'Asselineau (voy. le *Keepsake fantastique*).

l'artiste, sa patiente méthode. Louis Bertrand ne se fatiguera jamais de remettre sur le métier des morceaux que tout autre jugerait achevés.

Postérieure de quelques années, mais de la jeunesse encore, une pièce du même genre, sur un thème qui lui est cher [1] :

LES PETITS SAVOYARDS

Dijon, 4 avril.

Voici le printemps : les pelouses du Parc et de l'Arquebuse s'épaississent et les prés de Chevremorte sont semés de marguerites. Qui n'a respiré déjà, du haut du rempart de Tivoli, le délicieux parfum des pêchers ! Qui n'a déjà visité la fontaine de *Larrey* et des *Suisses*, dont les peupliers verts s'élancent dans l'azur avec la flèche gothique de Saint-Benigne ! Solitaires promenades, aimées du poète qui y oublie les heures, un livre à la main ! Oh ! malheureux le malade qui ne voit le ciel que du fond d'un fauteuil ! Malheureux le prisonnier qui ne respire l'air que dans l'étroit préau ! Oui, c'est le printemps. L'hirondelle est de retour, et les petits ramoneurs sont partis : on en rencontrait hier, par la ville, des troupes de douze à quinze, en habits de fête, le visage rayonnant, armés de leurs bâtons ferrés et chargés de leurs légers sacs de toile. Ils ne nous quittent point pour toujours, et vers le déclin de l'année, quand l'hirondelle aura cessé de gazouiller autour de nos fenêtres, nous entendrons leurs jeunes voix frapper l'écho sonore de notre quartier.

---

1. Cette première pièce a paru dans *le Spectateur* du 4 mai 1830. Je donne le texte imprimé, avec quelques corrections manuscrites de L. Bertrand.

Cinq mois plus tard [1] :

Les petits Savoyards sont de retour, et déjà leur jeune voix a frappé l'écho sonore de notre quartier. Les hirondelles suivaient le printemps ; ils précèdent l'hiver. La pluie intermittente qui bat nos vitres, la cloche de Sainte-Anne qui tinte plus mélancolique, la mendiante qui remue les cendres de sa chaufferette, les jeunes gens hâtifs qui s'enveloppent de leurs manteaux, la jeune fille furtive qui croise sa pelisse, la lourde *balonge* qui cahote au coup de fouet du conducteur, les *marronniers* de nos promenades qui gémissent, chauves et caducs ; la brise qui balaie à fleur de terre les feuilles mortes ; cet horizon gris, incolore, glacé et sans perspective que le regard attristé interroge en vain des remparts, tout nous invite à nous recueillir dans nos affections domestiques et à resserrer le cercle de nos amusements. Voici venir pourtant les causeries du coin du feu, les soirées théâtrales, la Saint-Martin et ses brandons, Noël et ses bougies allumées, le jour de l'an et ses joujoux, les Rois et la fête du gâteau, le Carnaval et sa marotte, et Pasques enfin. Alors un peu de cendre aura effacé l'ennui de nos fronts et les petits Savoyards salueront du haut de la colline le hameau natal.

Refondue, allégée surtout, cette esquisse deviendra le petit poème *Octobre* de *Gaspard de la nuit* :

Les petits Savoyards sont de retour et déjà leur cri interroge l'écho sonore du quartier ; comme les hirondelles suivent le printemps, ils précèdent l'hiver.

Octobre, le courrier de l'hiver, heurte à la porte de nos demeures. Une pluie intermittente inonde la vitre offusquée et le vent jonche des feuilles mortes du platane le perron solitaire.

---

1. Dans *le Spectateur* du 5 octobre.

Voici venir ces veillées de famille si délicieuses quand tout, au dehors, est neige, verglas et brouillards et que les jacinthes fleurissent sur la cheminée à la tiède atmosphère du salon.

Voici venir Saint-Martin et ses brandons, Noël et ses bougies, le jour de l'an et ses joujoux, les Rois et leur fève, le Carnaval et sa marotte.

Et Pâques enfin, Pâques aux hymnes matinales et joyeuses, Pâques dont les jeunes filles reçoivent la blanche hostie et les œufs rouges !

Alors un peu de cendre aura effacé de nos fronts l'ennui de six mois d'hiver et les petits Savoyards salueront du haut de la colline le hameau natal.

« J'ai essayé de créer un nouveau genre de prose », écrit L. Bertrand dans une de ses dernières lettres à David d'Angers (1). Dès 1828, ce souci de perfection formelle était déjà le sien et la date est à retenir. En même temps qu'E. Deschamps et avant Sainte-Beuve, sans manifeste ambitieux, il prenait place parmi les premiers tenants de *l'École de la forme*, comme on disait alors, ou de *l'art pour l'art*, comme on allait dire bientôt. Il est fâcheux que Théophile Gautier, dans son accueillante histoire du romantisme, ait oublié son nom. Peut-être lui devait-il un témoignage de gratitude.

1. Cité par Léon Séché, *Le Cénacle de Joseph Delorme*, II, p. 73.

* * *

En septembre, le journal dijonnais avait cessé de paraître. Après quelques mois, L. Bertrand partit pour Paris; il devait y passer l'hiver. C'étaient les beaux jours du cénacle; la jeune école avait pris conscience d'elle-même; guérie de ses premières timidités et dégagée de quelques scrupules, elle s'imposait, ayant trouvé son maître. De leur province, de jeunes recrues arrivaient, riches d'enthousiasme et d'illusions, vers les autels du dieu. Après ses articles du *Provincial*, L. Bertrand n'était plus tout à fait un inconnu. Louis Boulanger, Italien d'origine comme lui, désireux peut-être d'acquitter une dette personnelle (1), lui servit d'introducteur.

Sainte-Beuve et Victor Pavie nous content sa première — son unique visite au fameux salon Nodier. Tous deux ont gardé le souvenir vivant de cette silhouette : un grand jeune homme, gauche d'allures, embarrassé de lui-même, assez mal vêtu; une physionomie sauvage et narquoise en même temps, au visage brun et sec, aux yeux ardents (2). Ce soir-là, on lisait des vers. Son tour venu, le jeune provincial s'exé-

1. *Le Provincial* avait fait l'éloge de sa lithographie *la Ronde du sabbat.*

2. Comp. le portrait de L. Bertrand par lui-même dans le prologue de *Gaspard de la nuit.*

cuta... Mais ici, les deux témoins ne sont plus tout à fait d'accord : Sainte-Beuve parle de « quelques ballades en prose », Victor Pavie d'un morceau « ciselé comme une coupe, colorié comme un vitrail, dont les rimes tintaient comme les notes du carillon de Bruges...

L'on entendait, le soir, sonner les cloches
Du gothique couvent de Saint-Pierre de Loches [1]. »

Il est difficile d'écrire l'histoire.

Bien entendu, on le vit encore chez Hugo, parmi les fidèles de la rue Notre-Dame-des-Champs, et chez l'aimable poète des *Etudes françaises et étrangères;* mais son passage laissa peu de traces. Sans doute n'avait-il pas l'enthousiasme exubérant de cette jeunesse; il n'était pas homme de cénacle; il y avait chez lui comme un besoin de solitude et d'indépendance. « Rêveur, capricieux, dit Sainte-Beuve, fugitif ou plutôt fugace... il disparaissait, il s'évanouissait pour nous, pour tous, pour ses amis de Dijon, auxquels il ne pouvait se décider à écrire... »

Charles Brugnot, un de ses plus intimes collaborateurs, se plaignait aussi de son silence : « Vous avez beau faire, mon cher Bertrand, je ne puis m'accoutumer à vous laisser là-bas dans votre imprenable solitude. Quelque obstiné que soit votre silence, je l'attribue plutôt à votre souffrance morale qu'à l'oubli de ceux

1. SAINTE-BEUVE, notice de l'édition originale; V. PAVIE, *Revue du Maine et de l'Anjou*, 1857.

qui vous aiment... [1] » Ce n'était, en effet, ni indifférence, ni caprice. Quelques lettres nous permettent de connaître ses premières impressions parisiennes : l'optimisme en est absent. Rien ici qui ressemble à l'exaltation mystique, à la ferveur débordante des autres néophytes provinciaux, de V. Pavie par exemple.

Arrivant à Paris, le jeune Angevin croit aborder à la terre promise, et, venu pour adorer, il adore aussitôt. Voici son entrée dans le temple : « Une domestique portait une petite enfant sur les bras. Je m'adressai à elle; elle m'introduisit dans le salon de son maître. J'entendis mon nom répété dans une chambre voisine, et la réponse fut l'apparition du poète. Je me précipitai dans ses bras. Ici, une lacune d'environ cinq minutes pendant lesquelles je parlai sans me comprendre, sanglotant d'enthousiasme et riant de grosses larmes... [2] »

Après son retour, il demeurera ébloui. A Victor Hugo lui-même, le 25 août 1827 :

Je n'aurais pas résisté si longtemps à l'impatience de vous écrire, si je n'avais craint de vous étourdir par deux lettres coup sur coup; car vous avez dû recevoir celle dont mon père a chargé un de nos compatriotes pour vous. Il tenait à vous écrire le premier, et ce n'est qu'avec une soumission toute filiale que je lui ai cédé cette fois un droit dont la reconnaissance me faisait un devoir.

Tout est donc fini, et le rideau est baissé... Quand je compare

1. Lettre du 2 mai 1829. Cit. par Sainte-Beuve.

2. Lettre du 8 juillet 1827. Cit. par André PAVIE, *Médaillons romantiques*, p. 39.

aujourd'hui les deux extrémités si rapprochées de mon bonheur d'un mois, signalées chacune par une sensation si tumultueuse, la première d'enthousiasme, l'autre d'amertume et de regret; quand pour la première fois ma main pressait la vôtre, et que dans l'oppression de mon ivresse je fixais un œil égaré sur l'homme que j'avais rencontré dans ma vie et dont ma vie avait besoin; puis quand, à l'instant d'une séparation déchirante (tout cela est bien vrai, allez !), je pressais encore étroitement cette main, considérant à mes pieds cette frontière étroite qui sépare le passé du présent, la réalité du souvenir !

J'en suis encore à savoir si c'est un bien ou un mal que ce souvenir qui vous poursuit si loin avec sa vibration douloureuse de jouissance morte. Quoiqu'il en soit, je m'en suis abreuvé avec une volupté triste, et dès le premier soir qui me rétablit à mon retour au sein d'une famille bien chère, j'avais déjà tout raconté, et les mille attentions dont vous m'avez comblé, et ces conversations étincelantes, germes épars de vos productions à venir, et dont toutes les expressions sont restées gravées dans mon esprit; et Mme Hugo dont ma provinciale et inconnue personne a été accueillie avec cet intérêt que vous avez bien voulu lui inspirer pour moi; et vos petits enfants que votre belle poésie a consacrés comme leur mère. Comme tout cela est passé; comme le bonheur coule... et quand je pense que cette visite si désirée que vous m'avez promise, et sur laquelle toutes mes espérances se rejettent désormais, finira par arriver, par passer aussi, et qu'un jour il n'en restera plus que la grande ombre ! Oh ! n'importe, cette arrière-pensée chagrine ne peut contrebalancer la riche illusion de l'attente... venez, venez le plus tôt possible et ne reculez pas plus loin, je vous en supplie, un projet que des obstacles imprévus aujourd'hui pourraient par la suite vous faire prolonger indéfiniment.

Mon cher Monsieur Hugo, ce qui me console un peu aujourd'hui de ne plus vous voir, c'est de pouvoir vous dire d'ici ce que vous m'empêcheriez de vous dire à vous-même; c'est de pouvoir vous remercier, avec cette précision solennelle que donne l'intervalle des temps et des lieux, des bontés assidues dont j'ai été l'objet pendant un mois. Le nom d'ami que vous me prodiguiez dans vos lettres a été plus que justifié. Il y a eu de la fraternité dans ma réception. Les Boulanger, les Deveria, les Sainte-Beuve, les Delacroix, c'est à vous que je dois tout cela, sans compter la connaissance illustre que Mme Hugo avait eu la bonté de me proposer, mais qu'un trop court séjour ne m'a pas permis de faire.

Je garde pour la fin de cette nomenclature un nom moins célèbre, puisqu'il n'a que dix-sept ans de date, mais qui s'agrandira dans peu. Il m'a été bien doux de trouver dans celui que des liens de parenté vous attachent, et que ce seul titre m'attachait aussi, un ami de cœur et d'esprit, auprès duquel, malgré mon droit d'aînesse, j'aurais bien des leçons à puiser. Rappelez-lui ce voyage à Angers dont il avait été question à Paris. L'époque approche : au reste, je m'en vais le lui rappeler moi-même en lui écrivant.

Vous m'avez communiqué une passion d'architecture gothique dont il n'est guère possible d'éviter la contagion à quiconque a été admis comme moi au développement de votre brillante théorie. J'ai passé en gémissant, à mon retour, devant deux cathédrales admirables, celles de Chartres et du Mans. Ma ville natale se présente à mes yeux sous une physionomie toute neuve et je marche dans les rues, épelant chaque maison comme un homme qui commence à lire. Je considère maintenant avec un ravissement de curiosité ineffable plusieurs de nos églises où j'avais entendu la messe cent fois, sans les connaître ; je vous en parlerai une autre fois.

Recevez les amitiés bien vives de mon père. Mes respects, si vous voulez bien, à Mme Hugo dont j'ai remporté un si agréable souvenir.

Et à vous mes embrassements.

Donnez-moi, s'il vous plaît, des nouvelles de Mme Foucher quand vous m'écrirez (1).

Vict. PAVIE.

Louis Bertrand, hélas ! a d'autres soucis : soucis de santé, soucis d'argent. Dans ces pages, que reçurent sa mère et sa sœur, surchargées de sa petite écriture nerveuse, il est peu question de poésie. Elles ne nous apprennent pas grand'chose du cénacle ; en revanche, sa nature vraie se révèle à nous, délicate, mais toujours inquiète. La première lettre que je connaisse est du 20 janvier 1829. Déjà il sent cruellement le poids de la solitude ; malade, les nerfs à vif, à peu près sans ressources, tout est sujet d'irritation et de colère.

MA CHÈRE MAMAN ET MA CHÈRE SŒUR,

M. Brugnot vous a communiqué sans doute quelques parties de ma lettre, et vous savez maintenant quelle a été la cause de mon retard à vous écrire. Je n'étais point encore guéri, comme je le pensais : la fièvre m'a repris il y a trois jours et, hier matin, M. d'Andelarre (2), qui est à Paris, m'a trouvé au lit singulièrement altéré : j'avais eu une espèce de délire pendant la nuit. M. d'Andelarre a mis l'hôtel en sens dessus dessous à cause de moi. Ce bon jeune homme a prié la propriétaire d'avoir de moi tous les soins possibles. Quelques jours encore et je serai rétabli.

---

1. Inédite. — Il est vrai que V. Hugo, de son côté, n'est pas moins aimable pour lui. Voy. sa lettre du 6 août 1827 (Th. PAVIE, *V. Pavie, sa jeunesse, ses relations littéraires*, Angers, Lachèse, 1887).

2. Le marquis d'Andelarre, avocat, puis magistrat à Dijon, membre de la Société d'études et l'un des fondateurs du *Provincial*. Il fut plus tard membre du Corps législatif.

Voici ce qui m'a donné la fièvre une seconde fois. M. B... le père, l'homme le plus stupide, le plus égoïste, le plus crasseux que la terre ait porté, n'a cessé, depuis qu'il est à Paris, de m'obséder. Je n'ai pas eu un moment à moi. Imaginez-vous qu'il m'a fait courir un jour, par une neige épaisse, d'un bout à l'autre de la ville avec lui, pour l'aider à obtenir une main-levée d'hypothèque qu'il est venu demander ici. J'avais les pieds dans l'eau, la tête dans la pluie et la neige; le froid était cuisant; le soir arrivé, cet homme a le front de m'inviter à dîner à dix-huit sous par tête, et il avait quarante-cinq mille francs dans son portefeuille ! J'ai bien vu des égoïstes à Paris, mais point de semblable à celui-là.

Parlons un peu de nos affaires, de vous, de ma tante (1). Ma tante doit m'en vouloir beaucoup de ce que je ne lui ai point souhaité la bonne année : elle aurait tort, elle serait injuste de me traiter ainsi. Si elle savait la position fâcheuse où je me trouve, tous les désagréments que j'ai éprouvés, toutes les privations que je me suis imposées, elle aurait plutôt pitié de moi. Bien que je ne vous l'aie point écrit, soyez bien tous persuadés que j'ai fait, au jour de l'an, des vœux sincères pour votre santé à tous. Dites-le bien à ma tante. Ce jour-là, je me glissai, à cinq heures du soir, lorsque la nuit tombait, dans l'église Saint-Roch; j'épanchai mon âme devant Dieu; je le suppliai de ne pas nous abandonner. Je versai des larmes abondantes dans un coin reculé, en pensant que j'étais séparé de vous, que vous étiez peut-être sans ressources et sans bois. Cet hiver, ma tante, cependant, n'aura pas oublié la promesse qu'elle m'avait faite de vous aider jusqu'au moment de mon placement; elle ne l'aura pas oubliée, parce qu'elle est pleine de bonté et qu'elle nous en a déjà donné mille preuves. Dites-moi longuement, dans votre prochaine lettre, ce qu'il en est de tout cela.

---

1. La tante Lolotte, la sœur aînée de son père, née le 30 juillet 1765 et la providence de toute la famille.

Pour moi, le sort est toujours de fer, et la place dont je vous parlais n'est point encore arrivée. Comme je le disais à M. Brugnot, c'est à n'en plus finir. Je vais chez Victor Hugo. Là, on m'y fête comme un ami et, chez moi, j'ai à peine de quoi me nourrir et me blanchir; je dois un mois de ma chambre et n'ai plus que quinze francs devant moi. Jugez si, depuis que je suis à Paris, j'ai fait de folles dépenses. Une cinquantaine de francs que me donnerait ma tante rétablirait l'équilibre. Je ne crains point de me trouver dans la peine tant que ma tante ne doutera pas de mon respect pour elle et de ma reconnaissance dont je suis tout plein... [1].

Je ne puis trop vous recommander de prendre soin de vous, toi, maman, qui es encore malade, et toi, Isabelle, qui pourrais le redevenir. Lorsque je serai en fonds, vous pouvez compter que je partagerai toujours avec vous et que vous aurez des étrennes, mais à quand cela? Je n'en sais rien. J'espère, et c'est tout ce que je puis faire. Vous m'aviez chargé d'aller au Ministère de la Guerre réclamer en votre faveur et tâcher de vous faire payer votre pension, en même temps que les autres veuves; j'ai reçu votre lettre trop tard. Le jour du paiement était passé, et je ne savais point le numéro d'inscription de mon père : mes démarches n'ont donc abouti à rien.

Parlez-moi de Frédéric [2], de ce qu'il fait et s'il est bien portant. Embrassez ma tante pour moi. Dites à mes amis qu'ils ne m'oublient point. M. Brugnot recevra une lettre dans quelques jours; en attendant, souhaitez-lui le bonjour de ma part.

Je vous embrasse toutes les deux avec une affection qui ne finira qu'avec ma vie.

J.-L. BERTRAND.

---

1. Je supprime quelques lignes, assez vertes, sur certaines personnes de leur connaissance.

2. Le dernier fils du capitaine Bertrand, né le 19 mars 1816.

J'oubliais de vous dire que je n'avais point encore vu M. d'Andelarre en particulier, et que j'ai conçu de grandes espérances de son séjour à Paris.

Ne voyez point en public les B... On en parle jusqu'à Paris. Ne les voyez point, je vous en prie.

L'été venu, les choses ne se sont pas arrangées. Toujours les déceptions :

Paris, 1er *août* 1829.

MA CHÈRE MAMAN ET MA CHÈRE SŒUR,

J'ai reçu hier soir votre trop courte lettre et je m'empresse d'y répondre. Que vous avez dû me maudire de fois ! Que de fois vous avez dû m'accuser d'ingratitude, lorsque toutes les apparences étaient contre moi ! Oh ! j'ai trop souffert pour être coupable, et cependant j'éprouve je ne sais quel regret qui pèse sur mon cœur de tout le poids d'un remords. Non, ne croyez point que je vous aie oubliées un seul moment ! Toutes vos lettres me sont parvenues, les vôtres et celles de M. Brugnot. J'espérais toujours avoir à vous apprendre quelque retour inespéré de fortune, quelque succès qui compenserait mon silence à votre égard. Mais l'objet de mes désirs m'échappait toujours, et toujours je le poursuivais. C'était surtout le soir, quand j'étais seul dans ma chambre, que je sentais toute l'horreur de la situation où je vous ai laissées. J'avais continuellement devant les yeux le spectacle effrayant de votre abandon ! Je me dévorais nuit et jour le cœur. Oh ! ce n'est point seulement de faim et de froid que j'ai souffert. J'ai maintenant acquis toute la science du monde et du malheur; mais aussi j'ai amassé dans mon cœur des trésors pour l'avenir. Ah ! croyez-le, mon amour pour vous, mon amitié pour M. Brugnot sont debout au milieu de tous mes déboires. Je sens chaque jour davantage que le bonheur ne réside qu'au sein des affections du berceau; oh ! mon héroïque mère, ô ma bonne petite Isabelle, combien je pleurerais, si je vous pressais sur mon cœur ! Pourquoi ne serions-nous pas réunis bientôt pour ne plus nous séparer? Il faut croire à une providence, puisque j'ai vécu à Paris neuf mois sans ressources et sans appui. Relevez votre cœur ; moi, l'adversité me briserait plutôt que de me plier. Aux grands cœurs les grandes infortunes. J'ai plus d'une fois partagé mon dîner, c'est-à-dire mon pain, avec de plus malheureux que moi. C'était une consolation. Malgré toutes mes tribulations, je me porte assez bien. Que n'en est-il autant de vous? Je me tuerais quand je pense que je suis la cause de vos larmes et que j'ai aggravé votre mal. Que de grâces n'ai-je point à rendre à l'infatigable sollicitude de M. Sédillot qui vous soigne si obligeamment et à la bonté de M. Brugnot et de sa femme qui vous viennent voir et vous consolent ! dites-le lui bien, l'amitié que je lui ai vouée a sa source tout entière dans le cœur. Félicitez-le de ma part de la place qu'il a obtenue ; c'est moins encore qu'il ne mérite. Un des amis de Victor Hugo, que je n'avais pas vu depuis plus de trois mois [1], avait eu quelques prétentions à cette place, qu'il a depuis abandonnée ; elle ne pouvait tomber en des mains plus dignes que celles de M. Brugnot. Ce que vous me dites d'un ouvrage en vers de sa composition excite au dernier point ma curiosité, il n'est rien que je ne fasse pour plaire à l'auteur. Je chercherai un libraire qui veuille se charger de la publication et je le mettrai en relation avec lui. J'attends avec impatience la lettre de M. Brugnot qui doit m'en apprendre davantage à cet égard. Vous ne pouvez vous imaginer combien sont stupides et voleurs la plupart des libraires de la capitale. Les *Bambochades*, dont vous me parlez dans plusieurs de vos lettres sont maintenant sous les scellés avec les meubles d'un libraire qui a fait faillite et avec qui j'étais en marché ; on me

1. Sainte-Beuve.

les rendra dans quelques jours, après un mois de séquestre. Je suis maintenant en marché avec un libraire et sur le point de lui vendre un manuscrit; cependant je crains que cela ne manque par des circonstances particulières. Voici comment : je suis presque sans chaussures, mon habit est usé sur le devant; je ne puis donc aller voir ce libraire que le soir, et alors il n'est jamais chez lui. Je lui écris, il me répond, et cela n'amène aucun résultat. C'est aussi en partie ma toilette qui m'empêche de poursuivre la représentation d'une pièce reçue au *Vaudeville* et d'en faire recevoir une autre aux *Nouveautés*, et qui me fait négliger Victor Hugo et ses amis. Dans quelques jours, je saurai à quoi m'en tenir sur mon libraire : je ne lui donne point mon manuscrit à moins de quatre cents francs; mon intention était, n'ayant point encore reçu votre lettre, de vous écrire aussitôt la conclusion de cette affaire et, s'il en est comme je l'espère, de vous envoyer la moitié de la somme que je toucherais; et, de plus, à chacune une robe. Je vous disais que les libraires sont des voleurs quand on ne prend point de précautions contre leurs ruses. Ecoutez : Deux écrivailleurs qui font des romans et des mémoires à la toise me proposent de travailler avec eux à un ouvrage de circonstance; je dois avoir le quart de la vente. Je travaille donc. Ma sale besogne est terminée, le volume paraît; alors ce n'est plus eux, c'est le libraire qui demeure mon débiteur des cent francs promis. Je comptais vous envoyer quatre-vingts francs et m'acheter un habit. Ce libraire ne me paya que par sommes de dix francs. Je donnai ce que je pus à ma propriétaire, je m'achetai un pantalon d'été, une paire de souliers et payai mes dettes qui montaient à une quarantaine de francs. Maintenant, je n'ai plus le sou et ne sais où en trouver pour attendre. Mes souliers sont usés; mes bottes, que j'ai fait ressemeler trois fois depuis que je suis à Paris, ont besoin de l'être de nouveau. Il me vint un moment l'idée de tirer une lettre de change sur ma [*déchirure*], je n'en ai rien fait. Si j'avais voulu des places de commis libraire [*déchirure*] par mois, et autres, il n'eût tenu qu'à moi d'en avoir. Je n'ai pas cru devoir désespérer encore à ce point du ciel et de la fortune. Pardonnez-moi l'incohérence de mes idées et de mon style. Huit heures vont sonner. C'est l'heure de la levée des lettres et je voudrais que la mienne [*déchirure*] les autres. Je ne dois point oublier de vous dire que M. Harel, ancien préfet du département des Landes, a été nommé directeur de l'Odéon (1), qui s'ouvrira le 1er septembre. Si j'étais mieux vêtu, je me serais déjà présenté chez lui, pour lui demander quelque place dans son administration. Je m'aperçois en terminant ma lettre que je ne vous ai point dit la millième partie de ce que je voulais vous dire : je ne vous ai point parlé par exemple de G... Ce sera pour la prochaine fois. J'oubliais de parler de ma tante; que dit-elle de moi? Ecrivez-moi le plus longuement possible; passez plusieurs jours, s'il le faut, après votre lettre; je vous raconterai dans ma prochaine ma façon de vivre et comment, cet hiver, je me suis tiré d'affaire; vous serez étonnées. Hier, un Bourguignon qui logeait dans l'hôtel et qui m'avait prêté cinq francs est parti et j'ai eu la mortification de lui avouer que je ne pouvais les lui rendre.

Je vous embrasse de toutes les puissances de mon âme, toi, ma mère, que je voudrais rendre heureuse au prix de mon sang, toi, ma sœur, qui es celle sur qui repose toute ma vie. Reprenez courage encore une fois. Mon cœur ne cessera de battre pour vous qu'au dernier jour.

Votre fils et frère,

J.-L. BERTRAND (2).

---

1. Harel avait obtenu, le 26 avril 1829, le privilège de l'Odéon pour deux ans et sept mois (du 1er sept. 1829 au 31 mars 1832).

2. Lettres inédites.

* * *

Nous ignorons les raisons précises qui, le 4 avril 1830, ramenèrent Louis Bertrand au pays natal ; cette lettre, peut-être, explique ce retour. Il revint avec le prestige d'une année passée en pleine bataille littéraire. Il avait connu la fièvre du grand jour d'*Hernani ;* il avait assisté à la première tumultueuse de *Christine ;* il rapportait un exemplaire des *Consolations* avec une dédicace autographe : il pouvait conter ses campagnes.

Le fidèle Brugnot eut peine à le reconnaître et souffrit de ne pas retrouver l'ami qu'il avait quitté. « Mes anciens collaborateurs ont brisé violemment tous rapports avec moi, » écrira-t-il dans le *Spectateur*, le nouveau journal qu'il vient de fonder [1].

Il est vrai que la politique est pour quelque chose dans cette amertume. Les passions étaient assez excitées à Dijon, et les événements de Juillet y avaient soulevé une émotion considérable. M. Chabeuf a conté par le détail l'histoire de ces quelques journées. La duchesse d'Angoulême revenant par étapes de Vichy faisait son entrée le 29, au moment précis où venaient d'être affichées les ordonnances. La foule, tout d'abord, se contint ; frémissante, elle demeura respectueuse.

1. Article du 27 janvier 1831. — Ceci d'ailleurs n'est pas tout à fait exact, du moins en ce qui regarde L. Bertrand. Voy. ci-dessus, p. 15, note 1.

Mais, durant la visite obligatoire de la ville, pendant le dîner de gala et surtout pendant la représentation théâtrale qui suivit, l'exaltation ne fit que croître. Des cris, des injures accueillirent la Dauphine à son entrée dans la loge officielle; son attitude impassible, un peu dédaigneuse fit éclater l'orage avec plus de violence; un fort détachement de cavalerie dut protéger son retour à la préfecture. Quand elle partit le lendemain, furtivement, au petit jour, la révolution était accomplie.

L. Bertrand ne pouvait, en de telles heures, rester indifférent. Son ami James Demontrey, le futur montagnard de 48, l'entraîna sans peine. Brusquement, il se découvrit des ardeurs nouvelles. Rédacteur en chef au *Patriote de la Côte-d'Or* (1), il se jeta dans la lutte, mena à la fois contre le monarchiste *Journal de la Côte-d'Or* et contre le *Spectateur* de son ancien ami Ch. Brugnot (2), d'un libéralisme modéré, des polémiques virulentes, affecta des allures de Bousingo, prit la parole dans des banquets, se mêla à des bagarres, se battit en duel — un duel sans grand dommage... (3).

1. Premier numéro le 15 février 1831.

2. Charles Brugnot était mort le 11 septembre 1831. L. Bertrand mit quelque temps à rendre à son ancien ami l'hommage qu'il lui devait. C'est seulement le 7 juillet 1832, en annonçant la publication de ses *Pensées posthumes*, qu'il donna sa pièce de vers : *Aux mânes de Ch. Brugnot.* — Quant au *Spectateur*, il était passé aux mains de Ladey, Lorain, Belime et du docteur Salgues.

3. Sur ces incidents de la vie dijonnaise, voy. H. Chabeuf, *liv. cit.* — La querelle du *Spectateur* et du *Patriote* s'était envenimée en août 1832,

Les articles politiques du *Patriote* qui portent sa signature sont d'une emphase assez ingénue [1]. Il se travaille à l'éloquence, qui n'est pas son fait. Voici cependant un morceau plus vigoureux, une lettre au préfet de la Côte-d'Or, dont je retrouve l'original dans ses papiers :

MONSIEUR LE PRÉFET,

La Côte-d'Or n'a jamais été une province conquise; nous ne sommes point des Dalmates; nous vivons libres sous un roi citoyen et non pas esclaves sous un proconsul.

Si nous étions des factieux, nous garderions le silence. Ce serait nous avouer coupables.

Mais nous ne sommes coupables que d'avoir entonné l'hymne d'imprécation contre les ennemis de la France. Nous ! Du sang et le pillage ! arrière ! les jeunes Français font une révolution et ne font pas d'émeutes.

Oui, nous avons crié : *A bas les carlistes ! A bas le juste milieu !* et nous le crions encore !

à l'occasion du passage de Cormenin, député de l'Aisne. Une délégation, dont faisait partie L. Bertrand, était allée le haranguer à son hôtel. *Le Spectateur*, en racontant la manifestation, avait parlé dédaigneusement de Bertrand, qui répliqua par une lettre rageuse et sans modestie : « Je préfère vos dédains à vos suffrages. Vos suffrages, d'ailleurs, seraient bien humbles, après ceux dont m'honorent Victor Hugo, Sainte-Beuve, Ferdinand Denis, etc... » (lettre publiée par Asselineau). Après quoi, la guerre d'épigrammes reprit; le duel qui suivit n'eut rien de tragique, les témoins l'ayant arrêté après deux balles échangées sans résultat. En novembre, nouvelles polémiques et Demontrey et Bertrand envahissent les bureaux du *Spectateur*...

1. Asselineau donne, dans sa notice, les articles du 9 mars 1831 (*la Guerre*) et du 11 mars (*Fin de la Pologne*). Voy. les autres, moins importants, dans le *Keepsake fantastique*.

A bas les carlistes! Ils ont débarqué d'Holyrood, ils étaient hier à Saint-Germain-l'Auxerrois, ils sont aujourd'hui au Luxembourg !

A bas le juste milieu! Nous répudions une Chambre qui répudie la révolution de juillet, un ministère qui répudie la gloire nationale.

Voilà, Monsieur le Préfet, notre réponse à votre proclamation du 25 avril et notre profession de foi politique.

Mais, de toute façon, la politique lui réussissait peu. Il était difficile de demeurer l'artiste impeccable, en devenant homme d'action. Même ses articles littéraires s'en ressentaient. Un morceau comme *le Père Chancenet* ne manquait pas d'une certaine verve bourguignonne, mais cela restait loin de la perfection stricte des admirables eaux-fortes et des *Bambochades* d'autrefois. Le temps lui faisait défaut, pour ciseler ses phrases amoureusement ([1]).

Une mésaventure acheva de le dégoûter, non pas de la Bourgogne, mais des Bourguignons. Il avait eu la fantaisie malencontreuse d'écrire un vaudeville, *le Sous-Lieutenant de Hussards*... Gaspard de la nuit vaudevilliste ! Et il eut l'idée, plus malencontreuse encore, de le faire représenter sur le théâtre de Dijon. Ce fut, le 30 novembre 1832, un véritable désastre : la pièce

1. Voy. *les Chasseurs suisses*, du 6 décembre 1831, dans la Notice d'Asselineau; *le Père Chancenet* (5 nov. 1831), *les Besicles de mon oncle* (1er mars 1832), *le Trappiste d'Aiguebelle* (22 mars 1832), dans le *Keepsake fantastique*.

n'alla pas plus loin que la première représentation. Après avoir maudit, comme il convient, le directeur, les acteurs, le public, la cabale et la politique, L. Bertrand, pour la seconde fois, abandonna sa patrie ingrate et, dans le courant de décembre, regagna Paris qu'il ne devait plus quitter.

* * *

Les malheurs du *Sous-Lieutenant de Hussards* l'avaient heureusement découragé du vaudeville ([1]), sans le détourner du théâtre. Durant ces neuf dernières années de sa vie, où l'on perd parfois ses traces, mais que l'on sent cruelles à peu près sans répit, une de ses plus chères préoccupations est ce *drame-ballade* dans lequel il a mis tant d'espoirs et qu'il ne se lasse pas de promener de théâtre en théâtre, docile aux observations et aux critiques, résigné à le corriger et à le refondre sans cesse.

L'*Antiquaire* de Walter Scott avait fourni le thème, romantique à souhait : la légende du bûcheron Martin Waldeck séduit par le démon de la forêt de Hartz, s'élevant au faîte des grandeurs humaines, victime enfin

1. Le *Keepsake fantastique* donne une petite pièce encore : *Louise ou le pensionnat de demoiselles*, drame-vaudeville en 1 acte, imité de Mme Campan, mais sans en indiquer la date.

de sa cupidité et de son ambition. Mais le drame lui-même et les épisodes n'appartiennent qu'à L. Bertrand.

Les documents restés entre ses mains nous permettent de suivre l'histoire de la pièce; elle ne laisse pas d'être instructive. Sous une première forme — *le Lingot d'or, drame mêlé de chant*, en 3 actes et 6 tableaux, — elle fut présentée d'abord au théâtre des Jeunes Élèves de M. Comte, le 22 août 1835. C'était montrer de la prudence et de la modestie. Pourtant, l'ancien théâtre scolaire des Jeunes Comédiens, sous la direction toujours de son fondateur, avait gagné en dignité. Sans rien sacrifier de ses prétentions moralisatrices, il était devenu un théâtre véritable. Au passage des Panoramas, puis au passage Choiseul, sur l'emplacement actuel des Bouffes-Parisiens, il s'était classé parmi les scènes connues de Paris. Roger de Beauvoir, Théaulon, Dumanoir alimentaient son répertoire. Il avait un comité de lecture — comme la Comédie française.

Ce comité étudia la pièce attentivement et fournit un rapport. Sa première impression avait été un mouvement de surprise, sinon d'inquiétude : « En vérité, on ne sait quel avis donner sur cette pièce. C'est une succession étourdissante de scènes romantiques, les unes intéressantes, les autres inutiles, presque toutes invraisemblables, un roman en action, un véritable cauchemar; au milieu de tout cela, un intérêt de curiosité, un style élégant, trop élégant parfois, de l'esprit, beaucoup d'esprit, de très jolis couplets... » Le premier tableau (la rentrée des bûcherons après le travail et l'apparition du démon tentateur) paraissait à peu près sans reproche ; ailleurs, des retouches étaient nécessaires, dont on dressait la liste... L'auteur fit certaines concessions, en refusa d'autres ; un nouveau rapport fut rédigé, discutant encore. En somme, l'œuvre ne semblait pas négligeable et ce n'était en aucune façon un rejet pur et simple : « Nous le répétons, la pièce, quoique empreinte de l'inexpérience d'un jeune homme, décèle beaucoup d'esprit et nous serions fâchés qu'elle fût perdue pour le théâtre de M. Comte. Mais il y a à faire, beaucoup à faire, pour qu'elle puisse prétendre à un succès réel ; il y a à retoucher, à retrancher, à ajouter, il y a aussi peut-être à profiter des observations désintéressées d'hommes d'expérience et qui ne demandent pas mieux que d'encourager les jeunes talents. »

L. Bertrand, sans doute, ne sentit pas tout le prix de ces *observations désintéressées*. Un an plus tard, le 22 août 1836, il offrait son œuvre à la Gaieté. Elle était refondue en quatre actes et un épilogue et portait un titre nouveau : *Peeter Waldeck ou la Chute d'un homme*. Ici encore, on fut sur le point d'aboutir. « Premier acte remarquable », avait déclaré le lecteur ; mais au dernier moment, le régisseur général Varez, « un régisseur ignare et capricieux », fit remarquer que le sujet, le titre, les décors, les costumes étaient allemands et qu'une pièce allemande était inacceptable, à moins d'un travestissement complet. L. Bertrand eut beau se débattre, rappeler les origines anglaises de son œuvre... Le 18 mars 1837, il retira son manuscrit.

Des coupures encore, un titre moins compromettant, et ce fut la forme définitive : *Daniel, drame-ballade* en trois actes, que Harel, le grand impresario romantique, refusa aimablement à son tour [1]. Sur la scène où avait triomphé *la Tour de Nesles*, l'intrigue paraissait sans doute un peu mince, et le directeur, qui sentait la faillite prochaine, n'avait plus grand souci d'encourager les débutants.

Le précieux manuscrit, un cahier noué de rubans verts, fut mis en réserve. A le parcourir, on ne peut regretter qu'il n'ait pas affronté la scène. Malgré ses qualités poétiques, malgré la précision et le mouvement de quelques tableaux, cette ballade étirée en drame manque de force dramatique. Voici pourtant le début de ce premier tableau qui avait mérité les éloges des « hommes d'expérience » :

Intérieur de forêt. — A droite, une cabane moussue construite avec des troncs d'arbres non écorcés. — A gauche, une petite cheminée en pierres

1. Harel avait été préfet des Landes pendant les Cent jours, au temps où le capitaine Bertrand y commandait la compagnie de gendarmerie; sans doute avait-il connu la famille du poète. Le *Keepsake fantastique* cite un fragment de la lettre dans laquelle, en lui offrant *Daniel*, L. Bertrand fait appel à sa générosité : « Il y va de nos plus chères espérances actuelles, à ma mère et à moi. Un tour de faveur et nous sommes sauvés. »

sèches, et, devant le feu, une marmite de fer, des viandes embrochées, etc... — Pêle-mêle des escabeaux et divers ustensiles de cuisine.

WILHELM, MELCHIOR, FRANZ, *dans l'accoutrement de bûcherons*, puis MARIE.

MELCHIOR

Or ça ! les boquillons ! A bas notre attirail de scies et de haches, et que Marie nous serve à souper. (*Il heurte à la chaumière.*) Ohé ! C'est nous !... Sourde comme le chien de Tobie ! (*Il heurte de nouveau.*) Ohé ! Sœur !... La marmite va trop fort et la broche ne va pas du tout !

FRANZ

Eh ! Donne-lui le temps de rajuster sa cornette, à cette fille d'Eve !

MARIE, *sortant de la chaumière.*

Sont-ils pressés, les maîtres ! Bonsoir, frères ! Bonsoir, Wilhelm ! Bonsoir, Melchior ! Bonsoir, Franz !... Mais vous n'êtes que trois ! Où donc est Daniel?

MELCHIOR

Oui, ton bien-aimé, ton Daniel, jalouse ! Oh ! Rassure-toi ! Un ours de la forêt ne lui a pas jeté amoureusement ses deux grands bras velus autour du cou !

MARIE

Merci de moi ! Un ours !

WILHELM, *à part.*

Plaise au ciel qu'il ne lui soit pas arrivé pire aventure !

FRANZ, *à Marie.*

Daniel est allé débattre nos comptes avec l'intendant forestier. Tu sais, d'ailleurs, Marie, de quelle tristesse étrange il nourrit, depuis quelque temps, son cœur malade ! Pendant les travaux du jour, il se fait un chantier à part, il évite notre rencontre, il fuit notre approche, comme si la société de ses frères était le vent qui souffle les fléaux de Dieu; et lorsque le soir le ramène parmi nous, taciturne, sombre, abattu, pensif, il baisse le front, il détourne les yeux, comme si notre pénétration redoutable avait un crime à épeler dans le livre de sa conscience.

MARIE

Ah ! Plaignons-le et ne l'accusons pas !... Cependant, entre nous, frères, que signifie cette humeur sauvage et boudeuse? Hélas ! Moi, je ne suis qu'une pauvre orpheline, votre sœur adoptive, et je ne possède rien au monde que l'amour de Daniel, mon fiancé. Qu'il cesse de m'aimer, et je cesse de vivre !

WILHELM

Non, Marie, non, il n'a pas cessé de t'aimer. (*Soupirant.*) Sa tristesse cache un autre mystère.

FRANZ

Eh ! Quel mystère !

WILHELM

Malheur à lui, malheur à nous si son oreille n'a pas secoué les flatteries cauteleuses, les mensonges dorés du vieux Magnus !

MARIE, *effrayée.*

Ah ! Qu'est-ce que tu dis là, frère?

MELCHIOR

Mais, en vérité, tu as reçu un coup de soleil aujourd'hui, Wilhelm?

FRANZ

Magnus le mineur ! Le gnôme avare qui thésaurise dans les cavernes de la Forêt-Noire plus de ducats et de rixdales qu'il n'en court de main en main par toute l'Allemagne ! Le rusé démon qui se fait un jeu cruel de tromper et de perdre les crédules enfants de la cabane ! Ah ! qu'il y vienne ! Il aurait beau emprunter leurs plus galants pourpoints aux burgraves de la cour de l'électeur et leurs pierreries les plus étincelantes aux bijoutiers de Stuttgart, tous les déguisements, toutes les séductions du monstre ne seraient que vaines et risibles gambades, et Daniel Waldeck l'anéantirait d'un éclair de sa hache !

MARIE

Oui, oui, Daniel mendierait plutôt son pain que de s'enrichir dans cette vie au prix de sa damnation dans l'autre !

MELCHIOR

Comment as-tu osé t'avouer de pareilles craintes, Wilhelm? Notre frère n'a-t-il pas le cœur impénétrablement cuirassé de sa foi et de sa piété contre la lance impure du prince de l'abîme? Et ne borne-t-il pas, comme nous, les humbles désirs de son ambition à pouvoir acheter un jour, de nos épargnes communes, la petite hôtellerie du *Cheval-Blanc*, que maître Eberhard consent à nous vendre douze cents florins?

Le lecteur du théâtre Comte n'avait pas tort de s'étonner du langage fleuri de ces bûcherons; mais il lui coûtait de renoncer, et il suggérait : « Ne pourrait-on pas sauver, jusqu'à un certain point, l'invraisemblance, en supposant que l'ermite de Stauffen, ami de leur père, a pris soin de leur éducation? Qu'en dira l'auteur? »

Un peu plus loin, cette tirade à effet :

WILHELM

Vous dirai-je quel témoignage de la vérité le hasard m'a fait découvrir ce matin?... Oui, ce matin, il était environ midi. Le val était en feu comme une fournaise; de tous les ravins de la forêt s'échappaient des vapeurs brûlantes; et moi, épris du sifflement mélancolique de la grive, je me reposais à l'ombre des noisetiers dont les épais massifs abritent les molles pentes du Grüngeburge, embaumées de thym et de mousse en fleurs. Le sommeil gagnait insensiblement mon indolence, quand tout à coup m'apparut au loin, éblouissant des vives auréoles du soleil, non pas un de ces antiques voyageurs qui demandaient leur route incertaine aux pâtres de Jéricho ou qui partageaient le repas frugal des patriarches de Ségor, non pas un être de nature vague et diaphane, mais quelqu'un vraiment de chair et d'os, un des vigoureux enfants de la Forêt-Noire, qui marchait dans le lit desséché et pierreux du torrent, et qui s'enfonça bientôt sous les voûtes obscures de la *Roche-du-Diable,* après avoir promené autour de lui un regard inquiet et furtif. Et cet intrépide affronteur de l'ennemi des hommes, qui était-ce? Malgré la distance, j'avais reconnu Daniel! (*Melchior rit.*) Tu ris! Ah! Puisses-tu ne jamais éprouver l'effroi et l'anxiété dont je sentis mon cœur battre à cette vue. Deux soleils dans la voûte céleste ne m'eussent pas été plus étranges, plus terribles. Me lever, courir, ce fut le bondissement du tronc ébranché qui roule dans le précipice! J'arrive au seuil de la *Roche-du-Diable,* j'appelle Daniel de mes cris redoublés. Rien ne remue que le vent, la source ou quelque feuille flétrie; rien ne me répond qu'un rire de bête féroce qui me chasse épouvanté!

Mais l'action s'engage. Dans la cabane arrive un mystérieux voyageur ; ses yeux brillent d'une flamme étrange; sa voix est tour à tour amère et railleuse; il parle de gloire et de fortune; des lingots d'or naissent entre ses mains. Comment ne pas être ébloui?... Désormais, deux puissances se disputent l'âme de Daniel : l'esprit du mal et le vertueux ermite de Stauffen. Et c'est le premier qu'il écoute.

Au second et au troisième actes, nous le retrouvons à Stuttgart. Il a abandonné celle qu'il aime pour suivre le diabolique compagnon. Il a conquis la richesse d'abord, la puissance ensuite. Comte de Waldeck, haut conseiller d'état, favori de l'Électeur, il dépend de lui seul de s'élever au trône grand-ducal : un dernier crime à commettre; il est bien près de céder :

LE COMTE [*Daniel*].

Déshérité du ciel, j'hérite de l'enfer ! Les embrassements de ta satanique amitié ont étranglé le salut de mon âme.

LE VOYAGEUR [*L'esprit du mal*].

Eh ! Plantez-moi là vos scrupules, accrochez-moi là vos frayeurs ! Il n'y a plus que les nonains qui brûlent dans leur guimpe du feu de l'enfer. Tous les grands officiers de la couronne sont mes créatures, et vous-même...

LE COMTE

Quelle honte ! Le chef suprême de la magistrature, de la justice !

LE VOYAGEUR

Eh ! Le seriez-vous sans moi? Je vous ai infusé la science, je vous ai comblé de richesses et d'honneurs. (*A part.*) Ce ne sera jamais, du reste, qu'un âne en robe d'écarlate. (*Haut.*) Vos coffres-forts crèvent de florins, vos palais, vos châteaux affluent de serviteurs, vos forêts grouillent de gibier; les quatre saisons labourent, sèment, moissonnent et vendangent pour vous. Vos équipages de cour et de chasse font naître mille jalousies. Quand vous passez, on se range, on se découvre, on s'incline; quand vous parlez, chacun se tait; quand vous vous taisez, nul ne parle. Vous êtes le favori du maître, l'œil et le bras de l'Électeur... Eh bien ! encore un demi-tour de roue, Monsieur le Comte, et je vous guinde au-dessus de lui !

LE COMTE

Au-dessus de lui !... Tu m'asseoiras donc sur le trône impérial?

LE VOYAGEUR

Je mettrai les peuples à vos pieds.

LE COMTE

D'abord, une vérité, c'est que mon ambition envisage le seul intérêt de l'état. L'Electeur est si vieux !

LE VOYAGEUR

Vieux sans doute, mais pas impotent. Je suis prêt à tout entreprendre pour vous aplanir le chemin de la souveraineté. Cependant, je ne dois pas vous dissimuler que nos pas ont à craindre plus d'une pierre d'achoppement.

LE COMTE

Nous ferons jouer la mine et les obstacles sauteront !... On ne réussit que par l'audace. N'est-ce pas là une de tes maximes? Que l'intrigue et l'or échouent, la violence nous secondera mieux, nous aurons recours au fer.

LE VOYAGEUR

Fièrement parlé ! Ce langage vaut à l'aigle de votre blason, éclose à peine d'hier, l'illustration de deux ou trois croisades, et l'orgueil de toute une longue race d'aïeux. Bel oseur, beau faiseur ! (*A part.*) Proverbe à l'usage des ambitieux ! (*Lui serrant la main.*) Oui, fièrement parlé ! Votre éducation politique est désormais achevée; je vous en félicite.

LE COMTE

Ah ! Sois persuadé que mon respect pour le grand duc est sans bornes... Malheur à qui lui ferait le moindre outrage !

LE VOYAGEUR

Et comment votre gracieuse courtoisie le traiterait-elle déchu et captif?

LE COMTE

Les lois de la nécessité sont quelquefois celles de la prudence. En quel temps Frédéric de Souabe eut-il les yeux navrés dans un cachot?

LE VOYAGEUR

Ce fut, je crois, sous le règne de l'empereur Rodolphe... Horrible ! Horrible !

LE COMTE

Que veux-tu ? L'histoire est un livre tragique dont les figures sont peintes en rouge.

LE VOYAGEUR

Et de l'histoire d'hier à l'histoire de demain, il n'y a qu'une page à tourner?...

LE COMTE

L'histoire absout l'histoire.

LE VOYAGEUR, *se croisant les bras.*

A merveille !... Vous voilà couronné ! Ensuite?

LE COMTE

Je cimenterais mon pouvoir avec l'amour de mes peuples. Je serais débonnaire et clément. Si quelques villes remuaient, on en pendrait les bourguemestres et les échevins.

LE VOYAGEUR

Et puis?

LE COMTE

Que mes voisins me déclarent la guerre, mon aigle prend son vol par dessus leurs montagnes et leurs vallées; je boute le feu à leurs capitales, je saccage leurs trésors, je mène leurs armées, tambour battant, de déroute en déroute; et, leurs lignes confondues et détruites, j'arrondis mon territoire par une paix que je dicte et qu'on signe sous la bouche fumante encore de mes canons.

LE VOYAGEUR

Et puis?

LE COMTE

L'empereur d'Allemagne meurt. Je ne suis pas de la maison de Habsbourg, mais les princes de la diète germanique, blêmes et effarés au hennissement de mes chevaux de bataille, me saluent César Auguste; la dynastie de Waldeck s'assied, l'épée haute, dans le palais de Schoenbrunn, et l'étoile de mes éperons devient l'astre protecteur de l'Empire.

LE VOYAGEUR

Et puis enfin?

LE COMTE

Ai-je lu dans les secrets de l'éternel? Pourquoi ne ramasserais-je pas le globe que Charlemagne a laissé choir de son invincible main?

LE VOYAGEUR

Quel rêve immense et glorieux !

LE COMTE

Oh ! Ce n'est point un rêve, n'est-ce pas?

LE VOYAGEUR

Dans une heure vous le saurez.

Il reculera cependant devant le crime suprême, — trop tard. L'émeute qu'il a déchaînée échappe à son pouvoir et se retourne contre le chef inégal à sa tâche. Tous ceux qu'il aime sont entraînés dans son désastre...

Conception un peu naïve peut-être et qui ne laisse pas toujours place à l'imprévu. Les malédictions de l'ermite, la mort de ses frères, la folie de sa fiancée : on s'y attendait trop pour en être ému. « Un Faust et un Méphistophélès enfantins, » disait-il lui-même, quand il offrait son œuvre au théâtre des Jeunes Elèves. En dépit des remaniements successifs, elle garde toujours un peu ce caractère. On comprend qu'un vieux routier du théâtre, comme Harel, en un moment critique pour son entreprise, ait hésité à risquer la partie. Seul, le dernier tableau, d'un mouvement assez vif, aurait pu le tenter :

L'ERMITE

Quel est ce bruit confus? Quelles sont ces clameurs frénétiques?

LE VOYAGEUR, *au comte.*

Monsieur le Comte, dépêchez-vous ou vous êtes mort. Quelques coups d'épée et la lice est à vous. Ce ne sera qu'une course de bagues; mais ne donnez pas à l'ennemi le temps de se reconnaître. Chacune de vos hésitations est une volée de coups de canon qui perce de part en part et découd pièce à pièce votre royauté future.

LE COMTE

De qui prendre conseil? A quoi me résoudre? Fatalité qui me serres la gorge de tes gantelets de fer, qui me traînes à ta suite, garrotté comme un patient sur la claie !... (*Tirant son épée.*) Allons ! Grand-duc de Wurtemberg aujourd'hui, je redeviendrai demain bûcheron de la Forêt-Noire ! (*A l'Ermite.*) Mon père, de graves motifs, des motifs absolus, indiscutables, m'obligent à différer notre départ de quelques moments... Il faut vous éloigner. Un de mes heiduques vous conduira, vous et mes frères, en lieu de sûreté où j'irai bientôt vous rejoindre.

L'ERMITE

Non ! Non ! Je ne te quitte pas plus que ton ombre, aveugle

enfant du péché, dont les yeux épouvantés ne s'ouvriront que trop tôt, hélas ! aux foudres et aux éclairs de la justice de Dieu !...

. . . .

LE COMTE

Eloignez-vous ! Eloignez-vous !... Oh ! Pitié de moi !... Ces cris... Ces cris sont ceux de la révolte qui combat autour de ma bannière ! Vainqueur, je monte sur le trône; vaincu, je monte au gibet !... Vous éloignerez-vous maintenant?

L'ERMITE

Anathème ! Opprobre ! Que de perfidies et d'horreurs !

LE VOYAGEUR, *regardant par la fenêtre.*

Oh ! Oh ! Qu'est-ce que je vois? Les troupes de l'Electeur débouchent sur la place; mais nos lansquenets, immobiles et fermes à leur rang, les couchent en joue ! (*Bruit d'arquebusade.*) Bien ! En voilà une centaine qui met du cœur sur le carreau !... Les compagnies allemandes sont repoussées.

LE COMTE, *à l'Ermite.*

Encore une fois, éloignez-vous!... Sauvez au moins mes frères, si je succombe !

L'ERMITE

Sauver vos frères ! Eh ! de quel forfait ont-ils partagé l'abomination avec vous? Sauver vos frères ! Sauvez-vous vous-même ! Moi, je n'y puis plus rien... Adieu. (*Il va pour s'éloigner. Les rumeurs continuent. Coups de canon.*)

LE COMTE

Mon père !

L'ERMITE

Mon fils !... Ah ! Cédez à cet élan suprême de votre âme et suivez-moi ! Nous gagnerons les faubourgs, la campagne par des rues détournées et l'aurore de demain nous retrouvera, vous, vos frères et moi, cheminant tous cinq, au chant matinal et joyeux de l'alouette, vers les ombrages inviolables de la Forêt-Noire.

LE COMTE

O mon père, c'est vous qui l'exigez !... Que ma vie aille donc s'achever dans la pauvreté et dans l'oubli, comme elle a commencé !... Partons ! Cette clef peut encore dérober notre fuite.

LE VOYAGEUR

Il n'est plus temps !... Les lansquenets, entamés par le canon, ont lâché le pied. Ils se dispersent en jonchant le terrain de leurs armes. Une partie des troupes ducales passe au fil de l'épée vos amis cernés sur la place, et l'autre enfonce les portes du palais où déjà la soldatesque irritée fait pénétrer avec elle le meurtre et l'incendie.

VOIX AU DEHORS

Tue ! Tue ! Point de quartier ! Vive l'Electeur !

LE COMTE

Ainsi le ciel décide contre moi ! Ainsi ma fortune s'écroule dans le sang !

LE VOYAGEUR

Et dans le sang de vos frères !... Approchez-vous de cette fenêtre et voyez-les là-bas, qui, relancés, assaillis comme trois sangliers par une meute ardente, se défendent avec l'héroïsme du désespoir.

LE COMTE, *éperdu.*

Mes frères !... Damnation !... Ils sont dans la cour !

LE VOYAGEUR, *à la fenêtre.*

Leur hache fait sauter têtes et bras, émondant, ébranchant la foule épaisse autour d'eux comme une forêt. Mais trente épées les ont atteints; ils s'embrassent, ils chancellent, ils trébuchent sur les cadavres de leurs concitoyens massacrés !...

Non ! Ils sont encore debout !... Ils reculent !... Je ne distingue plus que leurs bonnets de peluche rouge et les reflux de la mêlée écumante les cache à mes regards.

L'ERMITE

La coupe de votre courroux était pleine, ô Seigneur ! Elle a débordé et le sang inonde la terre... précieux sang qui devait être versé par le fratricide !

LE COMTE

Le bourreau de tout ce que j'ai aimé et mon propre bourreau !... O mort ! Je suis ton pourvoyeur, et il ne manque plus que mes os à tes charniers funèbres !... (1).

Vraiment, ce n'est pas au théâtre que Louis Bertrand pouvait donner sa mesure (2). Mais il n'était pas beaucoup plus heureux avec le recueil de ballades en prose qui devait rester son grand titre de gloire. Ici encore, une série de déceptions. Cela avait commencé dès 1829, quand la déconfiture d'un libraire lui avait fait craindre la perte même de son manuscrit (3).

Ce n'étaient alors que des *Bambochades*. Quand il revint à Paris, le recueil s'était étoffé; l'introduction était au point; Louis Bertrand se changeait en Aloysius. Au seuil de l'œuvre, Gaspard de la nuit profilait sa silhouette famélique, Gaspard de la nuit, son frère de

1. Inédit.

2. Il s'obstinait pourtant. Je trouve encore ce titre dans ses papiers (mais le titre seulement) : *Jean le Lépreux*, drame en cinq actes et en dix tableaux avec un prologue.

3. Lettre du 1er août 1829.

rêves et de misère. Derrière les graves hôtels parlementaires noblement alignés, la vieille cité bourguignonne renaissait, « le Dijon de Philippe le Hardi, de Jean sans Peur, de Philippe le Bon et de Charles le Téméraire, avec ses maisons de torchis à pignons pointus comme le bonnet d'un fou, à façades barrées de croix de Saint-André; — avec ses hôtels embastillés, à étroites barbacanes, à doubles guichets, à préaux pavés de hallebardes; avec ses églises, sa sainte chapelle, ses abbayes, ses monastères qui faisaient des processions de clochers, de flèches, d'aiguilles, déployant pour bannières leurs vitraux d'or et d'azur... » Une légende des siècles en médaillons.

Sainte-Beuve avait-il oublié leur rencontre d'autrefois [1]? A la première lecture, il fut séduit par la

1. Non, s'il faut en croire le prospectus de V. Pavie qui annonce la publication de 1842 : « A force de l'évoquer, il finit par le faire apparaître et reçut de sa propre main, à titre de consultation, un petit cahier en prose divisé en six livres de pièces naines et bizarres avec des épigraphes qui leur descendaient jusqu'aux talons. C'étaient mille fantaisies tirées du vieux Paris, du vieux Dijon, d'Espagne, d'Italie et de Flandre, semées de paillettes d'or, trouées de nuages livides selon le soleil et selon la nuit : tantôt la lueur fauve et bistrée de Goya, dardée sur le passant comme un rayon de lanterne, tantôt la touche patiente qui dénombre les feuilles dans l'infini bleuâtre et minutieux de Breughels; — ce qu'un maçon allemand, sa truelle à la main, voit fourmiller à ses pieds, du haut des échafaudages d'une église; ce que disent des gueux de nuit autour d'un feu de brandons; comment décroît le bûcheron aux yeux du voyageur dans les sentiers givreux de la forêt dénudée; — de quoi faire damner une légion de pédagogues; de quoi asphyxier sur son registre ouvert le plus intègre et le plus scrupuleux des comptables; — mais de quoi réjouir ceux-là qui, tra-

sobriété élégante et expressive de ces tableautins; il en parla à Renduel qui, séduit à son tour, s'assura du manuscrit pour la somme modeste de 150 à 160 francs (1).

Tout de même, 150 francs, dans sa situation actuelle, c'était presque une fortune. Plus précieuse encore que l'argent, la joie de toucher au but, l'espérance de voir son rêve bientôt réalisé. Mais ce livre artiste demandait une présentation digne de lui et qui en accusât le caractère. Il fallait une typographie originale, des titres à effet, des lettres ornées à la gothique, des encadrements, des vignettes (2). Il fallait tant de choses, que l'on ne fit rien, et qu'après un moment d'enthousiasme, Renduel n'y pensa plus.

Quand, à la mort du poète, David d'Angers vint réclamer le manuscrit, il le rendit sans regret contre

---

qués sans relâche de bourses en usines et de clubs en salons, s'en iraient mendier l'ombre, le silence et le mystère jusque sous les poutres vermoulues d'un gibet... » Le Musée d'Angers possède un exemplaire de ce prospectus.

1. Dans une lettre de ses derniers jours à David d'Angers : « Renduel m'a donné pour *Gaspard de la nuit*, je ne sais plus à quel titre, sans doute comme prix de la première édition et comme prix du manuscrit, la somme de cent cinquante ou soixante francs... » (Publ. par SÉCHÉ, p. 83.)

2. V. PAVIE (*Ibid.*) : « En 1836, un éditeur l'acheta, auquel vint la pensée d'en rehausser l'impression d'une série d'illustrations magnifiques, assorties au goût des sujets : des grues et cigognes de leurs ailes enchevêtrées devaient broder l'azur des marges, où se seraient entortillés les follets dans la chevelure des sorcières; on y eût vu la terre s'épanouir en corolle, avec la lune pour pistil et les étoiles pour étamines; et tout au fond, bien loin, se profilant sur la brume, la silhouette immortelle de Jacquemard... »

remise de la somme qu'il avait avancée... et deux ans et demi s'écoulèrent avant que parût, chez le bon romantique Victor Pavie, le volume préfacé par Sainte-Beuve (1).

*
* *

Tandis que passait le temps sans qu'il vît aboutir aucun de ses espoirs, la vie était devenue, pour le poète,

---

1. Et voici la fin du prospectus de V. Pavie : « Le précieux cahier était absent. On chercha l'éditeur; il avait quitté les affaires et demeurait à vingt-cinq lieues de Paris. On écrivit; enfin, racheté au prix minime de sa première évaluation, le manuscrit passa aux mains de l'artiste, tel qu'il était sorti du portefeuille du poète, il y avait... tantôt six années. M. David souleva l'enveloppe qui le recouvrait et, le considérant comme on ferait d'une figure sous les voiles de son linceul : — Je le publierai, dit-il, et puisse la mort lui réussir mieux que la vie ! — Et moi, dit Sainte-Beuve, je lui mettrai au front une notice originale. — Et moi, dis-je, je l'imprimerai. Je l'imprimerai ainsi, simple et nu, sans fleurons, sans arabesques ni vignettes. Il n'a que trop souffert de toutes les vanités de ces illustrations dilatoires : trêve de grandeurs et de longueurs, outre qu'il porte en lui assez de rubis et d'escarboucles pour étinceler tout seul, même durant la nuit.

« Je l'imprimerai chez nous, d'où son nom s'exhalera avec le parfum des violettes de novembre, cette fleur des fosses, ce mois des morts. La cause de Louis Bertrand est la cause des provinces. D'ailleurs, Angers lui va. N'a-t-il pas pour Jacquemard l'*Inviolata* qui tinte au carillon de notre horloge? Et les maçons juchés sur les girouettes de Saint-Maurice ont-ils rien à envier des choses curieuses que le maçon Knupfer discerna jadis dans Mannheim?...

« Afin que vous, ô statuaire, en ciselant quelque jour la pierre de son tombeau, vous y inscriviez cette épitaphe :

« DIVONIIS NATUS EST;
« LUTETIAE OBIIT;
« ANDEGAVI AUTEM RESURREXIT. »

chaque jour plus cruelle et plus pénible. Ses forces, sinon son courage, s'épuisaient et la gloire, qui l'aurait consolé, était rebelle.

Sa mère et sa sœur l'avaient suivi, ce qui ne simplifiait pas les choses. Dans le petit hôtel de la rue Notre-Dame-des-Victoires où ils s'étaient installés, ce fut bientôt la misère. Le 25 septembre 1833, il adressait à son ancien condisciple Antoine de Latour, précepteur du duc de Montpensier, un appel émouvant : « Encore si j'étais seul, si je n'avais qu'une vie !... Mais ma mère et ma sœur sont arrivées à Paris après avoir vendu, pour faire le voyage, le peu de meubles qu'elles possédaient; toutes leurs ressources sont épuisées... Si je te disais que je suis au moment de n'avoir plus de chaussures, que ma redingote est usée, je t'apprendrais là le dernier de mes soucis : ma mère et ma sœur manquent de tout dans une mansarde de l'hôtel des Etats-Unis qui n'est pas payée... (1) »

Ainsi, il lui fallait invoquer tour à tour ceux qui pouvaient compatir à sa détresse. Il essaya de tout, fournit de la copie à de petits journaux éphémères; un moment, le baron Rœderer le prit comme secrétaire; mais son esprit aventureux l'empêchait de s'attacher à rien (2).

1. Publ. par L. Séché, p. 64.

2. Au printemps de 1834, on lui avait offert une place de 200 francs par mois en Suède ou en Danemark. Il la refusa : « Avouez, Monsieur, que mieux vaut encore ne manger que du pain au soleil de sa patrie. Advienne que pourra, la France en aura toujours pour un de ses enfants. » (Lettre du 14 mars, Catal. de la collection J. Claretie.)

En septembre 1837, dans un moment particulièrement pénible, A. de Latour obtint pour lui un secours de la reine Amélie. C'est, du moins, ce qui ressort d'une lettre du 15 septembre :

Mon cher de Latour,

Je dépose à la poste des Tuileries, en même temps que cette lettre pour toi, un sonnet de remerciement que j'adresse à la reine, tout indigne qu'il est d'être lu par des yeux et des lèvres royales. Tu trouveras ci-joint une copie de ce sonnet. Je n'ai point signé l'original à la reine dans la crainte, mal fondée peut-être, que ma signature ne vienne à être produite dans un journal, et cela contre les intentions mêmes de la reine. Si nous étions au temps où un sonnet valait une abbaye, témoin celle que l'amiral de Joyeuse donna à Philippe Desportes pour une pièce de vers de ce genre, il n'y aurait que gloire à la publication du mien. Mais tu comprends que, dans le cas présent et à la veille de publier un livre, cette publication me serait fort pénible. Quand la reine sera de retour à Saint-Claude, assure-la bien, je t'en prie, n'y manque pas, de ma reconnaissance et de mon dévouement. Sa bonté m'a touché jusqu'aux larmes. La surprise où m'a jeté la lecture des premières lignes de ta lettre, quand je l'ai reçue, ne m'a pas permis de charger d'un seul mot de remerciement pour l'excellente reine la personne qu'elle a envoyée auprès de moi et qui s'est éloignée avant que j'eusse pu rassembler quelque peu de présence d'esprit. Une heure après, j'étais encore tout éperdu. C'était le 13 à 4 heures. J'ai fait le sonnet à la reine, la nuit, dans mon lit, pendant une insomnie, comme presque tous les vers que je fais. Fais quelques efforts pour le trouver passable... [1].

---

1. Lettre inédite. Le sonnet lui-même figurait dans les collections Noilly (*Catalogue*, n° 526) et J. Claretie.

En marge, ces mots au crayon : « Dans une lettre du 18 septembre 1837, de Latour lui envoie 100 francs que la reine lui a donnés pour le sonnet. » Un sonnet à la reine ! Quelle capitulation pour le Bousingo du *Patriote de la Côte-d'Or* !... Du temps avait passé (1).

Comment pouvait-il, parmi ces déceptions, ces difficultés de chaque jour, conserver l'amour du travail?... Mais les lettres étaient son seul recours. Ses goûts ne changeaient pas. La peinture le passionnait plus que jamais; sur de petits carnets, il dressait des listes de peintres et de tableaux minutieusement décrits : peintres de l'école flamande, de l'école hollandaise et de la vieille école allemande de préférence; pourtant un de ces carnets est consacré à Watteau, à Lancret et à Pater (2).

A ces dernières années, il faut rapporter toutes les pièces que V. Pavie a groupées à la fin de son recueil (*Pièces détachées extraites du portefeuille de l'auteur*) et aussi le proverbe *Les Conversions* (3), le conte *Perdue et*

---

1. L. Bertrand n'avait pas renoncé cependant à ses convictions libérales. Je trouve dans ses papiers, daté d'octobre 1837, le manuscrit d'une satire pittoresque et amusante contre les légitimités d'Europe (*Œuvres posthumes d'Alcofribas*, n° 1 : *les Légitimités d'Europe*). Il est vrai que rien ici ne vise directement la monarchie bourgeoise de Louis-Philippe. — Le Ministère de l'Instruction publique, aussi, fut sollicité en faveur du poète et finit par s'émouvoir. Villemain accorda un secours de 300 francs le 16 mars 1841; depuis cinq jours, L. Bertrand était à l'hôpital Necker, où il allait mourir.

2. Deux de ces carnets sont datés de 1840 et 1841.

3. Publ. dans *Les Grâces, journal du beau sexe*, 11 nov. 1833.

retrouvée (1), le petit tableau historique *Michel Ange à Florence* (1519) (2)... Mais cela comptait peu pour lui.

Louis Bertrand n'avait jamais cessé de penser à son *Gaspard de la nuit.* Quelques jours avant sa mort, il songeait à le retoucher encore : « Ce manuscrit, je dois vous le déclarer [le manuscrit cédé à Renduel], est un vrai fouillis. Renduel m'y faisait faire tant de changements. Il est tout à fait provisoire et devrait être rangé et revu d'avance, feuille par feuille d'impression... Le manuscrit a besoin d'être réduit au tiers au moins et la première préface doit être entièrement supprimée. *Gaspard de la nuit* est un ouvrage ébauché dans beaucoup de ses parties, j'ai bien peur de mourir tout entier (3). »

Cette lettre est adressée à David d'Angers; le sculpteur fut l'ami fidèle des années d'agonie. A deux reprises, en 1838 et 1839, L. Bertrand avait dû se réfugier à l'hôpital Notre-Dame, puis à l'hôpital Saint-Antoine (4). La tuberculose faisait, dans ce corps épuisé, des progrès constants et, dans la détresse des journées sans espoir,

---

1. *Les Grâces*, 26 nov. 1833.
2. Aucune de ces pièces n'a été réimprimée.
3. Publ. par L. SÉCHÉ, p. 84.
4. Une note manuscrite de L. Bertrand donne les dates exactes « N.-D. de la P., entré le 18 septembre 1838 (salle Saint-Ath., nos 70 et 37), et sorti le lundi 13 mai 1839. — Saint-Ant., entré le 15 mai 1839 (salle Saint-Ant., no 19) et sorti le 24 novembre 1839. »

il ébauchait des vers encore... Cette plainte datée du 19 septembre 1838 :

Ainsi, du sort la félonie
Me réservait cette avanie.
Mais qu'importe le sort brutal?
Ne pleurons pas, ô mon génie,
D'être logés à l'hôpital.

Eh! qu'importe quand l'insomnie,
Sur ce dur chevet d'agonie,
Te crée un monde oriental...

Que le présent l'outrage ou nie,
Ma muse, un jour, sera bénie,
Le malheur est mon piédestal...

Ceci encore, « improvisé à la Saint-Ath., 12 mai 1839 », nous dit-il, et qu'il n'a pas achevé :

... pilier, fatal autel
Où j'ai huit mois courbé la tête.
Là fut mon lit — sois immortel
Comme la gloire du poète.

Que cette gloire au front serein
Un jour mes vers et mon nom jette
A l'écho de ton mur d'airain,
Avec le cri de la trompette!

Et qu'à mes vers...
Quiconque a souffert et regrette
Attache un doux regard d'amour
Mouillé d'une larme muette.

Libéré en novembre 1839, il essaya, pendant un

an, de reprendre la lutte. En mars 1841, il entrait de nouveau à l'hôpital Necker, pour n'en plus sortir vivant. Peu de gens s'en émurent. Fièrement, il cachait ses misères. Avec David seulement, il se sentait en confiance et s'abandonnait. On a publié les lettres où il le tient au courant de sa maladie; elles sont profondément douloureuses, émouvantes surtout quand elles s'efforcent à une gaîté qui ne trompe pas.

Quant au grand artiste, il fut jusqu'au bout admirable de dévouement. Sa présence constante adoucit l'angoisse des jours suprêmes. Le 28 avril, il était à son chevet; quand il revint, le 29, la mort avait fait son œuvre. Une dernière fois, à l'ensevelissoir de l'hôpital, il crayonna ce dessin conservé au musée d'Angers, cette figure hâve et décharnée qu'enveloppent les plis du linceul.

Presque seul encore, le lendemain, il accompagna son ami jusqu'au cimetière de Vaugirard. La pluie tombait à flots, des éclairs tailladaient le ciel noir... C'est dans le fracas d'un orage romantique que Gaspard de la nuit devait gagner le champ du repos.

CHARLES LASSAILLY

Je voudrais que mon nom eût assez d'autorité pour attirer un juste secours sur ce malheureux jeune homme ainsi arrêté dans ses travaux et ruiné dans ses entreprises. — J'atteste son mérite rare et son talent très-réel qu'il n'a pas eu le tems de faire apprécier à sa valeur.

Alfred de Vigny

mai 1840 —

Je [illegible] les députés soussignés attestent au Ministre la réalité des besoins de Mr Lassailly et le beau talent qui inspire leur [illegible]

Lamartine

[illegible]

Mis de Lagrange Cadeau d'Acy

Apostille à une requête de Léonide LASSAILLY.

Charles Lassailly

En écrivant *Les Jeunes-France,* au lendemain des *Roueries de Trialph,* Th. Gautier, sans doute, songeait à Lassailly. Dix ans plus tard, il aurait pu lui réserver une place encore dans la galerie de ses *Grotesques,* auprès de Scalion de Virbluneau, sieur d'Ofayel...

« O bon Scalion de Virbluneau, ô mon bel amoureux du XVIe siècle, tu vaux que l'on t'empaille et que l'on te mette à confire à l'esprit-de-vin ! Que tu es curieux et réjouissant à voir, mon pauvre martyr d'amour ! Mon Dieu, que tu es maigre ! Comme tes yeux sont caves ! Comme ton front est labouré ! Que tu es sale et en désordre !... » Je ne sais si cette image est le portrait fidèle de l'auteur des *Loyalles et pudicques amours,* mais plus d'un dut y reconnaître quelque chose de Lassailly.

Un corps osseux et décharné, l'air honteux de lui-même, des joues creuses, des cheveux rares, plaqués sur le crâne, un grand nez contourné de façon grotesque, un de ces nez qui soulèvent la joie spirituelle des foules. Avec cela, une âme ingénue, ardente, rêveuse, un besoin d'aimer et d'être aimé dont rien ne le guérira.

Ses affectations bouffonnes, sa recherche des excentricités laborieuses ne sont-elles pas une revanche de ses disgrâces physiques?

Car cet excentrique a souffert. Il y a des railleries que l'on croit innocentes et qui blessent cruellement. « Quand ils auront fini de faire tous la même plaisanterie ! » soupirait-il; mais *ils* ne finissaient pas et, aux rires imbéciles, répondait le ricanement de Trialph.

M. Henri Lardanchet a donné la date exacte de sa naissance : le 3 septembre 1806 (1). C'était le fils d'un petit courtier d'Orléans, sans fortune. La mort tragique du père, noyé dans la Loire, avait laissé la famille dans une situation pénible, et sa jeunesse, au pays natal, connut peu de joies. Hippolyte Lucas, un de ses amis les plus fidèles, parle mystérieusement d'une série

---

1. H. LARDANCHET, *Les Enfants perdus du romantisme*, Paris, Perrin, 1905. — Voy. aussi : MONSELET, *Statues et statuettes contemporaines*, Paris, Giraud et Dagneau, 1852; *Portraits après décès*, Paris, Achille Faure, 1866; — H. LUCAS, *Portraits et souvenirs littéraires*, Paris, Plon, 1890; — Roger DE BEAUVOIR, *Les Soupeurs de mon temps*, Paris, Achille Faure, 1868; — Léon GOZLAN, *Balzac en pantoufles*, Paris, C. Lévy, 1856 (p. 66-74); — A. DE VIGNY, *Journal d'un poète* (à la date : mai 1840); — Arsène HOUSSAYE, *Voyage à ma fenêtre*, Paris, Lecou, 1851 (p. 212-215); *Confessions*, Paris, Dentu, 1885 (t. I, p. 376-382); — ASSELINEAU, *Bibliographie romantique*, Paris, Rouquette, 1867-72 (p. 72-73); — A. KARR, *Le Livre de bord*, Paris, C. Lévy, 1880 (t. III, p. 1-9); — J. JANIN, *Littérature dramatique*, Paris, Lévy, 1853 (t. I, p. 75-77); — Comtesse DASH, *Mémoires des autres*, Paris, Librairie illustrée (t. V, p. 44-47); — A. DUMAS, *Mes Mémoires* (t. V, 287-89) [témoignage très suspect].

d'épreuves, et même de catastrophes, où il voit le principe de cette inquiétude nerveuse qui devait le conduire à la folie. Très pieuse, sa mère le destinait à la prêtrise, mais la vocation poétique fut la plus forte et il arriva, lui aussi, à Paris, en ces années de fièvre qui précèdent la Révolution de 1830.

Il n'avait rien alors d'un révolté. Les vers qu'il donne à la *Psyché*, en 1829, s'accordent à la banalité de tous les jeunes néophytes débarqués, en ces temps-là, de leur province. Comme il est naturel, il retarde de cinq ou six ans. Il en est à la première étape du romantisme, celui de la *Muse Française* — d'où, le moment venu, il passera sans transition au romantisme bousingo le plus effréné.

Transplanté à Paris tout enfant, mêlé, comme on disait alors, à « la jeunesse des ateliers », un Petrus Borel se porte d'instinct aux avant-postes et, dès ses premiers vers, cabotine éperdument : « Il faut qu'un enfant jette sa bave... il faut que le métal bouillonnant dans le creuset rejette sa scorie !... » [1] Il faudra plus de temps à Lassailly pour se dégager de sa timidité et de ses scrupules provinciaux. Il semble écrire encore pour Mmes Adélaïde-Gillette Dufrénoy ou Sabine-Casimire-Amable Tastu. Il cultive la muse dolente, les thèmes éplorés : *Le Petit Frère, Le Message, Illusions, Vœux, Rêverie, Méditation, Le Regret...* Et les vers

1. Préface des *Rhapsodies*, Paris, Levavasseur, 1832.

s'épandent, décolorés, fluides, avec leurs grâces surannées. Par instants, une plainte d'un autre accent, plus émouvante parce qu'on la devine plus sincère :

... Jamais une épouse à mon sort asservie
D'un long reflet d'amour n'enchaînera ma vie... (1).

Mais la banalité reprend le dessus et submerge tout.

La Révolution de 1830 secoua sa mélancolie élégiaque. Un vent d'orage soufflait dans le domaine des lettres, comme en politique. Les poètes se découvraient de nouveaux devoirs et de nouveaux droits...

Affolé, Lassailly va du libéralisme napoléonien au jacobinisme mystique, sans renier d'ailleurs la foi de sa jeunesse. La mort de l'Aiglon lui inspire une ode pleine de pitié et de sarcasmes (2) et, sur la couverture

1. *Illusions* (juin 1829). Encore n'est-ce peut-être qu'un souvenir de l'ode de V. Hugo à A. Rabbe.

2. *Poésie sur la mort du fils de Bonaparte*, Paris, Renduel, 1832. En voici quelques vers comme échantillon de style bousingo :

Quand partout débordait la plate bourgeoisie
Ainsi qu'un monstrueux crapaud,
Crevant d'aise à ramper dans l'écume moisie
Dont il se gorge, le ribaud.....
Voyez-le, le front blanc et la joue amaigrie,
Cet homme taillé dans le roc,
D'un sabre intelligent protéger la patrie,
Aux murs vendéens de Saint-Roch!
Car il savait déjà qu'il faut qu'on se dévoue
A ne pas sembler innocent,
Lorsque la liberté veut qu'on graisse la roue
De la charrue avec du sang...

de ce poème, il annonce deux romans encore : un roman politique, *Robespierre ;* un roman philosophique, *Jésus-Christ.* Ce rapprochement le séduit. Il n'écrira d'ailleurs ni l'un ni l'autre, et c'est l'œuvre la plus inattendue, la plus extravagante qui va fixer, pour l'avenir, sa physionomie d'écrivain. En mai 1833, l'éditeur Silvestre publie *Les Roueries de Trialph, notre contemporain avant son suicide.* Lassailly restera l'auteur des *Roueries de Trialph* : il l'a voulu ainsi. « Après tout, ce sont mes mémoires que je signe. J'ai nom Trialph. Point de généalogie. Je sais seulement que Trialph vient de Trieilph. Cette expression, dans la langue danoise, signifie gâchis... » Tout s'explique.

Cette longue préface met, à jouer l'incohérence, l'application la plus attentive. Le malheur est qu'en cherchant la folie, on peut rencontrer la sottise. Petrus Borel a marqué la voie. Bien que nous ne sachions rien de leurs relations personnelles (1), il n'est pas douteux que sa responsabilité soit engagée. Les *Rhapsodies* ont paru en 1832; Trialph suit Champavert (2) à deux mois de distance : la parenté est évidente, mais Lassailly renchérit sur son modèle.

Il a bien renoncé — du moins il le croit — à ses vieilles illusions romanesques : « Chanter l'amour !

1. Tous deux ont collaboré au *Livre de beauté*, un des keepsakes de Louis Janet (1834); mais il n'y a rien à conclure de cela.

2. *Champavert, contes immoraux*, par Petrus Borel le lycantrope. Paris, Renduel, 1833.

s'écriait Champavert. Pour moi, l'amour c'est de la haine, des gémissements, des cris, de la honte, des douleurs, du fer, des larmes, du sang, des cadavres, des ossements, des remords... » Trialph est de cette école et, comme un seul amour ne suffirait pas à sa frénésie et à son appétit de catastrophes, il a deux maîtresses — deux victimes : l'ingénue Nanine Demassy et la comtesse de Liadières, femme d'expérience dont voici l'aimable portrait : « Il y avait là, avec des yeux bleus, un teint pâle sous le bismuth et le vermillon, des lèvres décloses par l'haleine chaude de l'amour, une fossette au menton, un pied de Chinoise, des mains frottées de lait virginal et une taille à l'entonnoir. »

Ses moyens de séduction sont divers et ne manquent pas d'originalité. A la jeune fille, il adresse cette déclaration : « Je vous aime autant que la république ! » Elle en est émue, mais va chercher ailleurs des adorations moins officielles. Avec Mme de Liadières, le jeu est plus compliqué. A peine obtenu l'aveu qu'il réclamait, il se déchaîne dans le boudoir où elle a eu l'imprudence de l'admettre : il hurle, il frémit, il maudit, il sanglote — il ricane surtout. Et il s'admire dans ce rôle où triompherait Frédérick Lemaître : « Je devais être horriblement beau !... » Il l'adore et il l'insulte; il se bat en duel avec son mari — « respectable vieillard », ainsi qu'il convient; puis, ayant découvert qu'elle les trompait l'un et l'autre, il assassine leur rival et, abandonnant le cadavre de l'infidèle dans son hôtel en flammes, court se jeter dans l'océan... Seul l'océan est digne d'être le tombeau de Trialph.

Ce n'est encore que la trame du roman. Je laisse de côté les épisodes : la conspiration contre Louis-Philippe, la scène du bal, la scène du théâtre, la scène du jeu, la scène du balcon, l'exécution capitale et la fin cruelle de la pauvre Nanine dont il se débarrasse en lui chatouillant la plante des pieds jusqu'à la mort !

Çà et là, des phrases de ce genre : « Je ris, Madame, de ne pas me voir pendu ou brûlé vif. Un matin que je rencontrerai la signora Société dans les rues de Paris, je veux, en passant, lui jeter au nez cette prédiction qu'elle mourra l'année prochaine, s'il éclôt par hasard en France trois faquins de bouffons comme moi !... (p. 19). — J'avais juré que, sur cette terre de déceptions, je jouerais le rôle d'un serpent venimeux qui darde la mort; mais hélas ! d'autres avaient fait le poison dont j'étais gonflé, et, d'ailleurs, il était d'une amertume mortelle pour ma bouche et pour mon cœur !... (p. 56). — Les cils de ses paupières mobiles dégagent des étincelles... (p. 153). — Il broyait ses dents de colère... (p. 165). » On peut ouvrir le livre au hasard.

Il est difficile de pousser plus loin le ridicule. Une chose pourtant nous rassure; au milieu des excentricités de Trialph, quelques pages sont d'un autre ton, écrites, sans doute, à un moment où l'auteur oubliait le rôle fastidieux qu'il s'était donné : la soirée au Théâtre-Français, par exemple, et surtout ces lignes sur Racine : « Racine, que nous ne lirons jamais assez et qui se garda bien de devenir autre chose que l'auteur d'*Andromaque*, de *Britannicus*, d'*Athalie!...* et de *Phèdre* — et de *Phèdre!...* » C'est peu, mais tous les Bousingos n'en écriraient pas autant. Ici, n'est-ce pas l'authentique Lassailly qui parle, moins extravagant qu'il n'a voulu paraître?

En vérité, il serait injuste de prendre pour le visage le masque grimaçant imposé par le cabotinage à la mode. Même quand la raison fléchira chez lui, on ne le verra pas en proie à cette frénésie désordonnée. Mais, pour l'instant, cette raison est ferme encore et n'a pas été atteinte. Il lui suffit de quitter Paris et les cénacles pour se retrouver tel qu'il n'a pas cessé d'être. Trois mois après *Trialph*, le voici dans sa paisible retraite de Saint-Denys-en-Val, à quelques kilomètres d'Orléans, oublieux de toutes les affectations, écrivant à sa cousine Mme Esther Roger des lettres charmantes de jeunesse naïve et de délicate mélancolie.

22 juin 1833. Saint-Denys-en-Val.

AIMABLE COUSINE,

Il fait un temps horrible, ce soir, dans ce bas monde. Votre ermite désespère de voir la lune; et le vent siffle avec tant de tapage, à travers les feuilles d'arbres, que mes pauvres rossignols, dont j'adore le gazouillis, en sont épouvantés et se taisent. En vérité, je suis bien malheureux loin de vous.

Permettez-moi donc de chercher une petite distraction qui me consolera dans mes regrets, en vous écrivant quelques lignes à la hâte.

Il faut vous dire que je viens de dîner très confortablement. Le magnifique repas de la chère et bonne Laurence m'est revenu quelquefois à la mémoire; mais, il est bon de l'avouer, je suis sorti de table avec honneur et satisfaction de ventre. Vous seriez de charmantes cousines si vous acceptiez l'invitation que je vous adresse pour demain. Qu'en pensez-vous?

Car ne manquez pas, je vous en conjure, de venir, avant qu'il soit tard. Je vous attendrai avec l'impatience la plus vive, de minute en minute. Si vous vous laissiez détourner de la promesse que vous m'avez donnée, Madame, à propos de quelque obstacle que ce soit, je serais l'homme le plus infortuné de l'univers. Songez donc que j'ai découvert une jolie rose, dans mon jardin, que je vous destine; et, certes, je serais furieux de ne pas pouvoir vous l'offrir.

D'ailleurs ayez pitié de moi, non à cause de la solitude où je me trouve, mais parce que j'ai l'âme si vide que je suis accablé d'une langueur mortelle dont j'ignore même le sujet particulier. J'aime beaucoup le silence, la paix, la campagne; cependant, je ne puis pas rester seul trop longtemps. La nature me révèle des douleurs mystérieuses qui s'assoupissent plus facilement au fond de mon cœur par le contact de la société; et voilà pourquoi je vous ai paru triste si souvent dans certaines occasions. Pardonnez-le moi.

Hélas ! quand je suis auprès de mon cousin et de ceux qui veulent bien m'aimer, je deviens cependant un peu plus tranquille. Venez donc, Madame; entraînez Clarisse : j'ai besoin de vous voir, vous et elle. Ne vous moquez pas de moi, mais si vous venez, elle, vous et Roger, je serai plus content que vous ne pouvez vous l'imaginer.

Avec cette espérance, je vais travailler bien solidement, jusqu'à votre arrivée. J'éprouve déjà que le feu de l'inspiration se réveille dans ma tête et j'aurai l'avantage de vous démontrer demain que je ne joue pas ici le rôle d'un paresseux. Excepté un petit somme de deux heures, dans la journée, à mon retour d'Orléans, je n'ai rien à me reprocher : encore était-il nécessaire.

Oui, Madame, je serais heureux de reconnaître enfin les bontés que toute la famille a pour moi et de vous prouver à tous, publiquement, ma reconnaissance. Il faudra cependant que je parvienne bientôt au but de mes efforts; et, je l'espère, vous n'attendrez pas encore ce jour de mon triomphe pendant de nombreuses années. La retraite à laquelle je me condamne en ce moment portera ses fruits; et alors je serai fier de me montrer tel que je suis vraiment, en dépit des apparences.

Ne doutez pas de l'avenir, Madame. L'avenir sera beau, sera doux pour moi. Roger s'applaudira de m'avoir soutenu si fidèlement, malgré tant d'épreuves et sans m'avoir tout à fait compris. Vous-même, excellente cousine, vous n'aurez plus le courage de vous souvenir du passé. Je le sens, je serai estimé de tout le monde, et aimé de beaucoup de personnes qui ont été bien injustes envers moi.

Voulez-vous m'écouter ici, avec cette douceur, cette bienveillance, cette indulgence qui vous caractérisent, Madame? Je continuerai d'épancher dans votre âme quelques-unes de mes plus secrètes pensées. Eh bien ! quant à moi, lorsque j'aurai acquis une position qui ressemblera un peu plus à celle des autres hommes, je sortirai peut-être de ce cercle d'idées exclusives qu'une maudite fatalité a tracé autour de ma destinée présente. Je ne sais si vous avez entrevu, Madame, dans quelques confidences que j'avais du plaisir à vous faire, combien j'ai envie de m'attacher sérieusement à une affection qui ne me tromperait jamais, et comme je remplirais facilement certains devoirs qui sont dans les conditions de félicité que je désire ardemment ! Ah ! Madame, quand j'aurai un nom quand je pourrai prouver les ressources honorables et souvent brillantes que la littérature assure à tous ceux qui réussissent, même une seule fois, n'est-ce pas que vous me chercherez, en *amie*, une petite femme, bien mignonne, bien aimante, bien naïve, qui consentira peu à peu à me croire digne d'elle et à s'enivrer des tendresses ineffables que je réserve à celle-là seule que j'ai rêvée jusqu'ici?...

Mais je m'aperçois, aimable cousine, que j'écris des niaiseries sentimentales, qui attirent sans doute un sourire railleur sur vos lèvres malignes. Je vous vois aussi visiblement, belle moqueuse, que si vous étiez là, assise sur mon divan. Dans ce cas, je vous déclare que ce que je viens de dire ne signifie rien pour moi. Ce sont des phrases que je méprise, puisque je n'ai pas le droit d'avoir un cœur susceptible d'aimer. Les sentiments vrais et profonds sont ridicules ici-bas et vous avez probablement raison de rire de mes chagrins.

Je brise là. Je déchirerais cette lettre si elle devait tomber, à son tour, sous les yeux de votre spirituel mari. Je crains l'ironie, des hommes surtout, en affaires de sensibilité. Quant à vous, que j'admire à force de vous compter des vertus, excusez mes indiscrétions de loquacité, et daignez agréer, ma chère cousine, l'hommage de mon respect le plus sincère.

Votre dévoué,

Ch. L.

Trialph en quête d'une petite bourgeoise qui veuille bien accepter son amour ! Trialph-Fortunio ! Et cette simple phrase qui, peut-être, explique tant de choses : « Je crains l'ironie !... » — A la même :

Cousine, Cousine, votre lettre est délicieuse! Cette phrase est de Saint-Preux à Claire d'Albe, dans la *Nouvelle Héloïse*, que vous n'avez pas lue, dit-on. Ainsi vous ne comprenez pas tout le mérite de la citation; mais qu'importe? Je ne tiens pas à ce que vous alliez prendre des renseignements chez la prude Sophie.

Je hais cette femme, jusqu'au dédain de ses petits moyens de coquetterie niaise, moi qui adore les coquettes !

Tout ce que j'ai à vous expliquer ici, c'est que Claire était, le plus innocemment du monde, un démon, malin, spirituel, qui se faisait un bonheur de se jouer de la tranquillité de ce pauvre Saint-Preux. Elle avait un empire absolu sur lui, par le pouvoir de l'amitié qu'il lui avait vouée et des confidences d'amour qu'il lui avait faites; et si elle n'abusait pas de sa confiance, du moins je trouve qu'elle abusa un peu de son amitié !...

En vérité, aimable cousine, n'êtes-vous pas coupable, envers moi? Je vais relever d'abord quelques-uns de vos torts, les plus légers. Pourquoi mettre de l'esprit dans la manière de plier votre lettre, en parallélogramme d'une longueur à peu près démesurée? Vous croyez m'avoir envoyé une épigramme; et moi je vous félicite seulement d'adopter cette mode, si vous n'y avez pas mis trop d'intentions contre moi [1]. Mais passons. Ce que j'ai à vous reprocher est bien plus sérieux, sur ma foi. Car, où avez-vous rêvé, ma très aimable cousine, que *nous avons eu le dépit d'être obligés de faire une lieue, pour tuer le temps, en désespoir de cause?...* Ah ! je vous prends à être plus que calomnieuse. Votre idée a deux sens. Ou cela veut dire que vous vous ennuyez avec moi; ou bien vous supposez que je m'ennuie avec vous. Je me respecte trop pour réfuter la seconde assertion; et cependant je ne veux pas admettre la première. Si vous ne jetez pas trop les vérités à travers les perles de votre conversation, je dois plutôt penser que vous avez voulu m'embarrasser et m'arracher une réponse, comme je n'ai guère l'habitude d'en donner, c'est-à-dire une espèce de compliment. Eh bien ! soyez contente. Une bonne fois pour toutes, et pour la dernière (entendez-vous?), sachez que vous êtes à peu près

1. Il avait coutume de plier ainsi ses lettres.

la femme que j'estime et que j'affectionne au-dessus des autres ! Apprenez que j'ai un plaisir infini à vous écrire, par exemple, lorsque je ne puis causer avec vous, si bonne, si indulgente, si aimable et si intelligente par l'esprit du cœur ! Après cela, que voulez-vous de moi? Retenez bien que je suis incapable *de rire aux larmes d'un griffonnage* qui me semble une charmante improvisation; et si j'ai de pitoyables accès d'humeur noire, pardonnez-moi de mépriser un sexe, dont vous ne faites pas vraiment partie à mes yeux, puisque je vous place en dehors de toute comparaison.

Maintenant je réserve toutes les foudres de mon tonnerre au sujet de votre *infamie*. Oui, oui, cousine, votre silence est une infamie ! Oui, vous seriez inexcusable, sans votre précieuse correspondance de ce matin ! Mais enfin, comme je tiens à faire ma paix avec vous, comme je suis généreux, je profite de cette occasion pour vous envoyer des vers que j'ai composés en l'honneur de cette *dame de mes pensées*, que nous irons voir demain soir. (Ah ! n'allez pas chez Mme Déhais !) Ne commettez pas d'indiscrétion à propos de ces vers. Il est inutile de recommander le mystère avec Roger; mais faites-le jurer sur son âme qu'il ne trahira pas le poète ni l'amoureux.

Après cela, ne vous en moquez pas vous-même, et ne venez jamais me dire que ces rimes sont bonnes ou mauvaises. Hélas ! je me rends justice. Il n'y a rien d'aussi nul, d'aussi plat, d'aussi commun et surtout d'aussi froid. Si j'avais espéré qu'elle eût pu les lire, j'aurais fait ces vers meilleurs sans doute; mais je connais d'avance combien je suis ridicule de m'attacher à cette folie qui m'est entrée dans la tête.

N'importe ! J'ai besoin de la voir, de lui parler. Il faut que je devine son caractère et qu'elle comprenne le mien. Si elle se rencontre digne de ce que je suis, je l'aimerai hardiment; sinon, non.

Comptez, comptez sur moi; à cinq heures, je me présenterai à votre table. En attendant, je m'empresse de vous remercier de votre billet et de votre paquet. Et puis, si vous voulez le permettre, je vous baiserai la main, mille et mille fois, avec le plus profond respect et le plus vrai dévouement.

Ch. L. (1).

Après les mois d'été, Lassailly regagna Paris : il fallait vivre. Son roman n'avait pas fait le bruit qu'il espérait. La presse, dans l'ensemble, était indifférente. Certaines revues signalaient, avec plus d'ironie que de colère, l'outrance naïve de ces imaginations. La *Revue de Paris* se récusait avec une modestie prudente (2); l'*Artiste* témoignait quelque sympathie sans enthousiasme (3). D'autres, dont il attendait au moins des protestations hargneuses, restaient silencieux.

Naturellement, il se croyait victime d'une sorte de complot; il en voulait au public, à ses confrères, à son éditeur. D'une lettre à Philarète Chasles :

Et ce pauvre Trialph ! Mourra-t-il sans une oraison funèbre aux *Débats?* J'ai eu affaire à un libraire qui m'a englouti et je ne peux plus compter sur la seconde édition dont il me parlait. Enfin, voyez...

Mais l'attention publique se détournait, pour l'ins-

1. Lettres inédites.

2. « Cet indéfinissable roman, si c'est un roman, appartient de droit à la critique transcendante des hiérophantes de l'art... » (article de H.-C. DE SAINT-MICHEL, t. LII, p. 127). Voy. aussi t. L, p. 203.

3. T. V, p. 239.

tant, des querelles littéraires. Cette année 1834 voyait se réveiller d'autres colères; on sentait trop à quel point le mouvement de 1830 avait avorté, et l'effervescence gagnait parmi le peuple, tandis que les satisfaits organisaient la résistance au nom de ce qu'ils avaient combattu jadis — ordre et légalité.

En janvier-février, les lois conservatrices contre les crieurs publics et les associations, les campagnes de la Société des Droits de l'homme et celles d'Armand Carrel; à Lyon, la grève des mutuellistes et l'insurrection sanglante; les bagarres de Lunéville, de Saint-Etienne, de Grenoble, de Clermont, de Marseille; à Paris, les barricades, la répression brutale, le massacre de la rue Transnonain... Dans cette atmosphère de bataille, Lassailly sentit flamber ses vieilles ardeurs jacobines. De là le poème inséré dans *les Etoiles* (1) de l'ancien saint-simonien Edouard Pouyat : *le Cadavre.* Il est animé du plus pur esprit démocratique :

... Eh bien ! oui,
Je suis du peuple, moi; je suis de la canaille
Et, comme Job le gueux, je chante sur la paille :
Mon inspiration hurle à travers les mots,
Mais j'ai beaucoup d'amour; c'est par là que je vaux !

Avec un bel entrain, — quoiqu'en vers déplorables, —

---

1. *Les Etoiles*, nouveau magazine publié par Edouard Pouyat. Paris, Alexandre Johanneau, 1834, in-8°.

il attaque tour à tour le XVIIIe siècle incroyant, les élégiaques pleurards et les écrivains de boudoirs,

Eternueurs de prose ou de versiculets,

les artistes occupés à ressusciter le passé sans souci de l'avenir, les gens de théâtre et leurs intrigues, les dandys et leurs élégances, sans oublier les bourgeois médiocres

Et l'honorable corps des crasseux boutiquiers !...

Mais ces colères ne sont pas, comme dans les *Rhapsodies* de Petrus Borel, dictées par la haine. Ce n'est pas lui qui écrirait : « Je suis républicain comme l'entendrait un loup-cervier... Je suis républicain parce que je ne puis être caraïbe... » Il prêche l'amour, la fraternité, la doctrine du Christ. En lui, s'accordent les deux esprits d'opposition dressés contre la médiocrité du Juste-Milieu : la mystique communiste et l'intransigeance religieuse. De nouveau s'offre à sa pensée le parallèle saugrenu dont il rêvait en 1830 :

Je suis l'Egalité, témoigne de ma loi !
Robespierre et Jésus sont déjà morts pour moi...

Puis, pour finir, cette évocation tragique, ces vers imprimés en capitales, comme un défi jeté à l'ordre social :

AU BOULEVARD DE GAND, LE CORPS D'UN PROLÉTAIRE,
MORT DE FAIM ET DE FROID, EST ÉTENDU PAR TERRE.

Lui-même pourtant, malgré sa misère et son existence de bohème, n'était pas insensible à cette vie élégante du boulevard. La comtesse Dash signale son passage dans le salon de la princesse Metscherski, mère du prince Elim, l'auteur des *Boréales* et des *Roses noires*. Jules de Saint-Félix l'y avait conduit; auprès de lui, des écrivains et des gens du monde, E. Deschamps, Léon de Wailly, Th. de Ferrières, Horace de Viel-Castel, — parfois A. de Vigny, pour qui il professait déjà une vive admiration (1) et qui devait rester un de ses amis les plus sûrs. C'était un groupe élégant et joyeux, sans la moindre trace de cabotinage ou de pédantisme. Conversations, lectures, improvisations, représentations dramatiques, les soirées passaient gaiement. Un jour, dans les *Précieuses ridicules*, Lassailly fut chargé du rôle d'Almanzor. Son nez obtint un succès considérable. La bonne Mme Deschamps ne pouvait en croire ses yeux : « C'est un faux nez, répétait-elle. Il fallut lui montrer le *porteur*, après la pièce, et de près. Encore n'était-elle pas sûre de son fait (2). »

Mais il ne se contentait pas de ces succès de salon,

1. « Un homme d'un grand mérite, qui se donne le droit d'être profond, même dans la conversation, tant il désire peu y mettre ce qu'on appelle de l'esprit, M. Alfred de Vigny... » (*Trialph*, p. 39). — Un article de Lassailly sur Vigny dans *l'Indépendant* du 1er nov. 1835. — Dans une lettre du 14 février 1835, après *Chatterton* : « Mon cher Alfred, je n'ai qu'un bout de temps pour vous adresser par écrit les plus courtes félicitations du monde. Mais j'irai vous voir. Je vous redirai combien j'ai été ému, combien je vous ai applaudi de mes mains et, pour ainsi parler, de mes larmes. Vous êtes, mon ami, l'homme que mon cœur et mon intelligence aiment le plus... » (Inédit.)

2. Comtesse DASH, *Mémoires des autres*, t. V, p. 44.

médiocrement flatteurs. Dans la petite presse aussi, il se faisait une place. En 1834, Gavarni l'avait accueilli à ce *Journal des Gens du monde, journal artiste, fashionable* qu'il avait fondé en janvier et qui avait ses bureaux 5, rue de Castiglione.

Ici, il ne s'agissait plus d'être agressif ou violent. La clientèle élégante ne se serait pas accommodée d'un romantisme intempérant. Lassailly lui offrait des vers pimpants et cavaliers. Il brûlait sans hésitation ce qu'il avait adoré. « La critique, disait-il, doit répudier les paradoxes. » Il protestait, au nom de la pensée sereine, contre « le culte puéril de l'art, le charlatanisme de la parole... », pour en arriver à ce plaidoyer en faveur de Boileau : « Boileau est un génie que vous n'avez jamais compris... Cotin, c'est votre littérature (1) ».

Peut-être cette modération venait-elle de la responsabilité dont il sentait le poids : Gavarni lui avait officieusement confié le rôle de rédacteur en chef. A Daniel Gavet (2), le 14 janvier 1834 :

Mon ami, j'ai été désespéré de ne pas me trouver chez moi

1. *Prolégomènes* (trois articles, décembre 1833-janvier 1834). Voy. aussi l'article *Critique* dans la livraison de mars. — Au *Journal des gens du monde*, il donne encore une série de pièces de vers : *Sur l'Othello* (déc. 33); *Après le bal, Fatuités* (janv. 34); *Amertumes* (février); *Salomé, A une jeune fille aimée* (mars).

2. Neveu de Canchois-Lemaire, D. Gavet appartenait alors à l'administration des Domaines. Plusieurs années de sa jeunesse s'étaient passées au Brésil et dans l'Uruguay. De là son goût pour l'exotisme : *Zacaria, anecdote brésilienne* (1826), *Jakari Ouassou ou les Tupinambas* (1830).

quand tu es venu m'y voir, le samedi en question. Mais j'avais tant d'affaires et de chagrins que tu me pardonneras. Maintenant l'orage est crevé. Les choses vont bien pour moi. Je serai dictateur au journal pour la rédaction en chef. Je serai bien payé. L'argent est venu et l'affaire roulera bon train.

Pense à nous. Fais-moi une petite nouvelle ou bien envoie-moi des vers.

Tes gens de Dreux sont des Gascons. M. Chrétien a reçu trois numéros du journal en ton nom et aucun abonnement n'est venu de la part des *jeunes gens*. S'ils ne s'abonnent pas, ces trois numéros retomberont à mes frais et je ferai, comme tu penses, suspendre l'envoi du reste.

M. de Quérelles ([1]), après avoir promis monts et merveilles d'abonnements, en a pris un qu'il n'a pas même payé. Il est vrai qu'il attend peut-être l'insertion de certaine note sur le *Misanthrope politique* et autres chefs-d'œuvre. Mais tu sais d'avance que je ne le satisferai pas là-dessus. Le mot de Lautour ([2]) sur ma jalousie m'a fait rire. Moi, jaloux !

Je n'ai pas revu Dumas. Je ne l'oublierai pas. Mille amitiés de cœur.

Ch. LASSAILLY, 13, *Saint-Georges.*

Lassailly était-il propre à des fonctions de ce genre et sa légèreté d'esprit pouvait-elle s'assujettir à un travail régulier? Bientôt il se lassa; des difficultés survinrent qui amenèrent sa retraite et il céda la place à Morère.

---

1. Le comte Alexandre de Quérelles, auteur du *Misanthrope politique* (1835), *L'Ecole des députés* (1838), *Le Nouveau Tartufe ou l'homme du jour* (1846), comédies en 5 actes et en vers.

2. Lautour-Mézeray, d'Argentan, fondateur, avec E. de Girardin, du journal *le Voleur*, de *la Mode*, etc.

Mais l'amitié qui l'unissait au dessinateur n'en fut pas compromise. Le 31 décembre 1834 :

Mon très cher Gavarni, n'êtes-vous pas un des hommes que j'aime le plus? Je vous envoie donc mille souhaits de prospérité, par la petite poste. Si j'avais de l'argent, je vous rendrais vos livres, mais croyez bien que je ne les oublie pas. Quant à une *nouvelle*, j'irai vous en porter une, ces jours-ci, mais continuerez-vous de paraître? Je n'ai pas reçu, entre parenthèses, le dernier numéro du journal. Je le regrette puisque vos vers y étaient. En attendant que vous fassiez droit à cette réclamation, je vous demande la permission de vous dédier quelques rimes qui vous plairont, je l'espère. Du moins, j'ai pensé tout de suite à vous en les finissant. Cette dédicace n'est donc pas une affaire de jour de l'an, mais d'amitié éternelle.

A la lettre était jointe une pièce de vers qui, pour l'instant, resta inédite, le journal ayant cessé de paraître en juillet. En voici les premières strophes, elles nous révèlent un Lassailly, converti au dandysme, qui n'est plus l'élégiaque de la *Psyché* ni le bousingo des *Etoiles*.

PAGANISME

A Gavarni, déc. 1834.

Je ne suis ni Werther, ni Tircis de Virgile,
Car je prends mes Lolotte aux bals de l'Opéra.
Mon cœur est trop fripon pour des amours d'idylle;
Tout naturellement, qui veut mon cœur l'aura.

Les femmes ne sont pas contentes de fadaises :
La bouche la plus prude est prude au bord des dents;
Leur petite vertu ressemble assez aux fraises :
Lorsque l'on tend la main, elles tombent dedans.

Je ne sens nul mépris pour les faveurs réelles
Des lèvres de velours qui ne refusent rien.
Mon corps n'est pas un sylphe et je n'ai pas des ailes
Pour épouser les vents du monde aérien.

Je suis le plus aimant des hommes de la terre.
Il est vrai que cela peut nuire à mon prochain :
Je commets quelquefois le péché d'adultère;
Mais, ainsi que le corps, je mange quand j'ai faim.

Et, pourvu que le loup quitte la bergerie
Sans troubler le berger qui dort indifférent,
Le reste des remords devient bégueulerie :
Ce que quelqu'un néglige, un autre le reprend... (1).

Un an plus tard, il eut vent de nouveaux projets et, en s'excusant du passé, offrit encore ses services. Le 3 décembre 1835 :

Mon cher Gavarni, j'ai entendu parler, hier encore, de la réapparition prochaine du *Journal des Gens du monde*. Permettez-moi de vous écrire un petit mot, plein de franchise, à ce sujet.

Mon ami, j'ai eu, je l'avoue, quelques torts envers vous, vers la fin de la publication du journal, il y a deux ans. Je vous ai tourmenté. Je vous ai mis le couteau sur la gorge. Mais, en vérité, à part cela, je crois avoir mené le journal comme personne ne l'eût mené. Dailleurs, quant aux retards d'impression, vous avez dû voir depuis combien peu j'en étais la cause.

Aujourd'hui, Gavarni, je ne viens pas sans quelque sentiment

1. A. Houssaye a donné quelques-unes de ces strophes dans son *Voyage à ma fenêtre* (p. 214), mais avec des variantes. — Le post-scriptum de la même lettre annonce, pour les premiers mois de 1835, un recueil de poésies de Lassailly qui n'a jamais paru.

de pudeur vous demander la rédaction en chef du journal, quand il reparaîtra. Je ne vous en ai point témoigné de vive voix le désir que j'en ai, parce que je crains que vous ayez des engagements avec M. Morère qui m'a succédé autrefois et qu'il est peut-être juste de reprendre maintenant.

Mais, si vous étiez libre et si vous pensiez que mes relations vous fussent et plus agréables et plus utiles pour le journal, je vous réclame la préférence sur tout autre choix. Je serais heureux de réparer le passé. Je serais infiniment obligé à votre amitié de recouvrer une position dont je sens plus que jamais l'importance, quand même elle serait peu lucrative au commencement. Ainsi vous n'avez plus du reste à craindre mes boutades d'humeur, tantôt trop indifférente, tantôt trop exaltée. Ma situation est meilleure, mon esprit est plus tranquille. D'un autre côté, je gagne assez pour vivre (1). Seulement j'ai besoin d'influence, et j'en serais quitte pour travailler encore davantage.

Je ne vous établis ici aucune proposition. J'accepte toutes vos offres d'avance, connaissant votre sagesse et votre justice. Pensez à moi, *pour ce que vous pourrez* : voilà tout...

Mille bonnes amitiés désintéressées et toutes de cœur.

Ch. LASSAILLY,
47, *rue Paradis-Poissonnière* (2).

---

1. En octobre 1835, il était entré à *l'Indépendant, furet de Paris, journal de littérature, beaux-arts, théâtre, librairie, industrie et annonces*. Il y écrit régulièrement, jusqu'en avril 1836, des articles d'esthétique, de critique dramatique et littéraire. Voy. en particulier, le 1er nov., *Servitude et grandeur militaire*; le 8 nov., *Chants du crépuscule*; le 24 déc., *Mlle de Maupin*; en janvier, trois articles sur *A. Dumas*... — Au *Mercure de France*, d'H. Berthoud (nº 7, 1835), un article sur *Machiavel auteur dramatique*.

2. Lettres inédites.

Mais Gavarni avait maintenant d'autres soucis. Poursuivi par ses créanciers, travaillant à force à des besognes hâtives, les tentatives aventureuses lui étaient interdites.

C'est pourquoi, sans doute, le 2 mars 1836, Lassailly, pour son propre compte, fonda l'*Ariel, journal du monde élégant*. Des collaborateurs glorieux se joignirent à lui : Th. Gautier, Musset, Vigny, Emile et Antony Deschamps, le vieux Ballanche et l'éternel Soumet. Au second plan, des jeunes gens d'avenir, des amis plus intimes : Gavarni, H. Lucas, E. Fouinet; les fidèles du salon Mestscherski : le prince Elim, Jules de Saint-Félix, Roger de Beauvoir, la comtesse Dash... Pour une revue de ce genre, c'était une pléiade brillante et qui promettait — qui promettait plus qu'elle n'a tenu (1).

Quant à son apport personnel, il se réduit, en somme, à peu de chose. C'est lui qui, en tête de la collection, écrit un *Dialogue-programme* des plus engageants pour la clientèle mondaine. Le 9 mars, un article vibrant sur *la Moralité de l'art* : « Les poètes sont les joueurs de flûte qui assistent aux fêtes de la fécondité. Ils inspirent l'amour, ils célèbrent la vie... » Mais cet enthousiasme tourne court. Il semble qu'en voulant s'assagir, sa veine poétique se soit tarie. Les numéros suivants n'appor-

1. De Th. Gautier : *Ariel* et le *Salon de* 1836. — De Vigny : *Sonnet pour le bal de la mi carême* et *Le Bateau*. — De Musset : *Chanson de Gœthe*. — De J. de Saint-Félix : *Un mot sur le métier littéraire*...

tent plus qu'une pièce de vers (2 avril) et quelques articles de critique littéraire ou dramatique ([1]).

Le succès n'avait-il pas répondu à ses espérances? Au début de mai, l'*Ariel* cessa de paraître.

Sans doute est-ce à cette période de sa vie qu'il faut rapporter les débuts de ce qui devait être le grand amour de Lassailly. Mélancolique aventure que tous ses biographes ont contée avec complaisance : une inconnue qu'il aperçut un soir, avenue du Bois, dans une voiture attelée de magnifiques chevaux et qui occupa aussitôt toute sa pensée... C'était, dit-on, la comtesse de Magnencourt, fille du comte de Tracy. Dès lors, le poète ne songe plus qu'à revoir sa belle inconnue; il suit sa voiture, il guette sa sortie de l'Opéra, caché dans l'ombre, il écrit des vers que, sans doute, elle ne lit pas. Eut-il l'audace de lui envoyer ces lettres dont il parle à H. Lucas ([2])? Fut-il remarqué d'elle?... Il est difficile

1. A signaler : articles sur les représentations de l'hôtel de Castellane (23 et 26 mars); — sur *la Comédie* (16 et 20 avril, en réponse à l'article de Stendhal à la *Revue de Paris*); — sur *le Testament*, d'A. Duval (13 avril); — sur *la Poésie catholique* de Turquéty (30 avril); — sur le *Don Juan de Marana*, de Dumas (4 et 7 mai). — Le 2 avril, quatre strophes assez médiocres :

Hélas! les amertumes
Sont au fond des liqueurs.
Hélas! des flots d'écumes
Bordent le lac des cœurs!.....

2. « La dame alla à la campagne aux environs de Paris. Était-ce à Passy, était-ce à Meudon? Je ne m'en souviens plus. Mais ce que je sais, c'est que le malheureux errait toute la journée autour de la villa comme Adam aux

de faire la part du rêve et de la réalité. L'amour brode — et l'on songe à Gérard de Nerval amoureux. Mais nous devons aux amours chimériques de Gérard des pages émouvantes et d'une singulière beauté. Celles de Lassailly n'ont servi de thème facile qu'à des chroniqueurs en quête de copie.

Certes, lui aussi serait poète par une certaine finesse de sensibilité, par cette fraîcheur d'imagination. Le malheur est qu'il cesse de l'être, la plume à la main.

---

portes du paradis terrestre, se cachant aux yeux des domestiques, de la mère et du mari et tâchant de faire comprendre à la châtelaine qu'il avait découvert en face de ses fenêtres un vieil orme dont le tronc creux pouvait lui servir de poste aux lettres. C'était pour lui une scène de l'*Astrée*... Un jour, il trouva sa lettre enlevée; il faillit tomber à la renverse au pied de l'arbre, tant sa joie fut grande; mais nulle réponse. Il écrivit lettre sur lettre : jamais de réponse, mais toutes ses lettres étaient prises. C'est alors qu'il demanda, à grands cris et en désespéré, une fleur, un souvenir, quelque chose qui attestât qu'on lui savait quelque gré de son dévouement. Après avoir écrit plus d'un volume peut-être pour établir ses droits incontestables à la faveur qu'il sollicitait, il retira un matin du tronc de l'arbre, non pas une lettre, mais une fleur, une pensée du plus pur velours et sur les pétales de laquelle brillait une goutte de rosée qu'il crut être une larme; il revint à Paris dans un état voisin de la folie, et, son cœur ayant besoin de s'épancher, comme si une grande joie débordait malgré lui, il vint me demander à déjeuner ce jour-là et me raconta son ivresse... » (H. LUCAS, *Portraits et souvenirs*, p. 69). — Je crains que l'imagination de Lucas ait encore ajouté aux imaginations de Lassailly. — Peut-être, enfin, faut-il trouver un écho de cette aventure dans la nouvelle qu'il donnera dans sa *Revue critique* (janvier 1840) : *Le Masque de Werther*. (Voy. en particulier la lettre de Carle Lyber à la princesse Gorloff.)

***

En somme, tous ses projets avortaient et il se trouvait dans une situation pénible. « Il fallait le voir par un temps de janvier, écrit Roger de Beauvoir; tout son long corps avait froid. On était tenté d'aller chercher pour lui une chaufferette. Il n'était pas rare de voir cet autre neveu de Rameau, l'œil éteint, l'oreille basse, arpenter à grand renfort de pas et comme pour se réchauffer, les arcades du Palais-Royal. Quelquefois, il s'arrêtait devant le soupirail d'une cuisine et y secouait la neige de ses souliers — ouverts, eût dit Fœusté, à tous les points cardinaux, — innocente vengeance qui faisait pester contre lui les marmitons de Véry... Rentré chez lui, il prenait son encrier — le seul meuble qu'un huissier n'eût pu lui ravir — et il astiquait (passez-nous le mot) son habit dont la trame devenait par trop accusatrice. Alors, il sifflait un air quelconque entre ses dents qui claquaient de froid, mettait une cravate de satin blanc fané (c'était alors la mode des cravates de satin blanc), croisait son frac strictement boutonné et balançait un gant, un gant unique, dans sa main gauche. Après un minutieux coup de brosse à son chapeau, il partait en cet équipage pour les Bouffes. Qu'eusses-tu dit, Brummel, de l'y voir entrer ainsi, toi, le roi des élégances et du linge? Mais les Bouffes étaient le Chanaan de Lassailly, il aurait tout fait pour y entrer, même un roman pour l'éditeur Renduel ! On se rappelle ces vers caractéristiques d'Alfred de Musset :

Lassailly
A failli
Vendre un livre.
Il n'a tenu qu'à Renduel
Que cet homme immortel
Eût enfin de quoi vivre... » (1).

Au reste, il s'accoutumait à cette bohême, vivant au jour le jour, frappant à toutes les portes (2), offrant sa copie aux journaux, aux revues, aux keepsakes... (3). Au début de 1839, l'occasion s'offrit à lui d'un travail

1. R. DE BEAUVOIR, *Les Soupeurs de mon temps*, p. 133.

2. A d'Epagny, le 10 mars 1836 : « Je suis honteux de m'adresser à vous, mais j'y suis forcé. L'autre jour, quand vous m'avez prêté si galamment une somme assez forte pour me faire tenir tête à quelques nécessités, j'ai eu la faiblesse de ne pas m'en contenter et de la jouer. De là vous comprenez qu'elle a été perdue. Il en est résulté pour moi mille petits embarras qui me tourmentent sans cesse, et je ne puis travailler. Si j'avais fini mon roman, je toucherais, avec la livraison du manuscrit, de quoi me mettre tout à fait au-dessus de mes affaires; mais, pour recouvrer ma tranquillité, j'aurais besoin d'une somme de cent ou tout au moins de cinquante francs d'aujourd'hui à demain matin... » (Inédit.)

3. Depuis la fondation de *l'Ariel*, sa collaboration à *l'Indépendant* est devenue beaucoup moins régulière : quelques articles seulement de mars 1836 à mars 1837, puis il s'éloigne pour un an. Le 15 mars 1838, sa collaboration reprend et il se charge de la chronique dramatique jusqu'en juillet 1839. — Au *Siècle*, dont Desnoyers dirige le feuilleton littéraire, il publie, d'août 1836 à juillet 1839, des articles de critique et un certain nombre de nouvelles : *Trahison d'une fleur* (août 37), *Gregorio Banchi*

qui pouvait être fructueux · Balzac, hanté par des ambitions dramatiques, eut l'idée étrange de le choisir pour collaborateur.

Ici encore, les chroniqueurs s'en sont donnés à cœur joie. Après Léon Gozlan — et en ajoutant de son cru — Monselet a bâti tout un petit roman pittoresque, l'histoire d'un enlèvement. Le récit est connu. Un jour d'hiver, Balzac arrache Lassailly à sa mansarde, l'éblouit de promesses, l'entraîne aux Jardies, et le voici prisonnier; son tyran le nourrit de nourritures excitantes, le prive de sommeil, l'enchaîne à une de ces besognes que lui seul est capable de soutenir. Malgré le café administré à doses massives, le pauvre Lassailly s'effondre; dans sa tête en feu bourdonnent les noms des héros de la *Comédie humaine*, tout un monde qu'il connaît à peine et qui le rend fou. Il demande grâce, vainement. Impitoyable, jovial, toujours éveillé, Balzac se refuse à comprendre; puis, un soir, « par un beau clair de lune, un homme pâle et décharné comme un spectre, les vêtements en désordre, sans chapeau, escalade le mur du jardin, du plus vif effroi et de la plus grande précaution... (1) » C'est Lassailly qui renaît à la liberté.

(oct. 37), *Un secrétaire au* XVIIIe *siècle* (nov. 37), *Louisette* (janv. 38), *Le Dernier des Pétrarques* (févr. 39). — Dans la *Psyché*, in-8°, le 28 juin 1838, *Cléopâtre*. — Dans *l'Artiste* (2e série, t. I, 1839), *Albano*, nouvelle. — Parmi les keepsakes, voy. le *Livre de beauté*, 1834, le *Dahlia* (1837), et, dans le *Paris-Londres* de 1837, *l'Abbaye de Melrose*.

1. GOZLAN, *Balzac en pantoufles*. — MONSELET, *Portraits après décès*.

Tout cela, peut-être, fait honneur à l'imagination de Monselet, mais nous sommes en pleine fantaisie. D'abord, et quoi qu'on en dise, ce n'est pas pour mener à bien son œuvre de romancier que Balzac a jamais eu besoin de secours étrangers (1). Il n'y eut pas une Maison-Balzac, comme une Maison-Dumas. Il s'agissait de mettre sur pied une comédie « méditée depuis longtemps », cette *Ecole des Ménages* qu'il présenta en février 1839, à la Renaissance et qui ne put arriver à la représentation (2).

Sur la collaboration elle-même, nous savons peu de chose et Balzac parle sans indulgence de son manœuvre : « J'ai pris pour poser mes idées et me les écrire un pauvre homme de lettres nommé Lassailly qui n'a pas écrit deux lignes bonnes à conserver. Je n'ai jamais vu pareille incapacité. Mais il m'a été utile à faire un premier germe sur lequel j'ai travaillé; néanmoins, j'aurais voulu quelqu'un qui eût plus d'intelligence et d'esprit. Th. Gautier va venir pour faire une seconde pièce en 5 actes et j'attends beaucoup de lui (3). »

Comme l'on pense, la version de Lassailly est assez différente. Il avait, à l'en croire, apporté un sérieux

1. Balzac a emprunté seulement à Lassailly, à Th. Gautier et à Mme de Girardin les sonnets qui figurent dans la deuxième partie des *Illusions perdues*.

2. *Correspondance*, p. 309, 325, 327.

3. *A l'étrangère*, p. 506.

effort personnel et avait des droits. Le contrat rompu et la comédie de Balzac refusée à la Renaissance, il reprit la pièce pour son compte, la refondit et, sous un autre titre, *la Famille*, il l'offrit un an plus tard à Bocage :

Mon cher Bocage,

J'ai eu dernièrement occasion de rencontrer M. Luchet, notre ami commun, et de lui parler de la pièce que j'avais faite autrefois avec M. de Balzac, et qui n'a pas réussi à la lecture de la Renaissance, mais que j'ai refaite entièrement depuis, et qui m'appartient exclusivement. En bon camarade, Luchet revint me trouver deux jours après cette conversation dont il voulut bien se souvenir, et me fit part de l'espérance qu'il me donnait que le rôle principal de *la Famille* pourrait être joué par vous, avant l'expiration de votre traité, à l'Ambigu-Comique. J'acceptai cette idée avec l'empressement le plus vif; et nous prîmes rendez-vous pour lundi, 23 décembre, à onze heures, chez Luchet, allée des Veuves, nº ... Voilà le diable ! Luchet m'a donné son adresse très mal, car je me souviens de 36, et il n'y a pas de maison à la place où devrait exister le 36. Peut-être me suis-je trompé aussi de mon côté ! — Quoiqu'il en soit, je n'ai pu le voir et je ne sais plus comment me procurer de ses nouvelles. — Je m'adresse donc à vous, mon cher Bocage. Voulez-vous entendre la lecture de *la Famille*, pièce en cinq actes, sans changements de décorations, écrite avec soin, assez originale dans sa donnée, soignée dans le style et traitée dans des développements de cœur humain pour ressources d'intérêt dramatique? Je crois que votre rôle est un des plus convenables qui vous auraient jamais été : c'est un rôle de vieillard; mais ce vieillard est beau, et c'est presque un type. Je serais, quant à moi, au comble de tous mes vœux si vous pouviez vous charger de l'exécution difficile de ce personnage, parce qu'il se trouve dans des scènes très variées, les unes de comédie involontaire, les autres de drame continent, et qu'il devient trappiste au dénouement, abandonnant sa femme et ses enfants pour Dieu, dont il s'ennuiera sans doute aussi !...

Rendez-moi réponse, mon cher Bocage. Je serai à vos ordres dès le premier mot que vous m'écrirez pour un rendez-vous prochain. Vous me rendriez un immense service de me prêter votre appui pour mes débuts au théâtre ; je sais que vous me portez de l'intérêt ; mais il pourrait se faire que vous commençassiez ainsi vraiment la réputation d'un homme qui a étudié la scène, qui croit la comprendre et qui espère l'agrandir un jour.

Mes compliments et mes amitiés sincères.

Lundi, 23 déc. 1839. LASSAILLY,
41, *rue Caumartin.*

Le lendemain, sur une réponse encourageante de Bocage, nouvelle lettre :

MON CHER BOCAGE,

Je vous remercie de l'empressement que vous avez mis à me répondre et de la grâce de votre réponse elle-même. J'irai vous porter mon manuscrit, jeudi matin, tout complet, mais auquel il faut que j'ajoute la copie du cinquième acte. Vous avez raison de réserver toute préférence à Luchet ; toutefois, je crains qu'il ne soit pas prêt encore. Voilà sur quoi je vous ai parlé de mon affaire, d'après ses propres conseils. — Je suis sûr que la pièce vous conviendra et ça m'est une bien douce espérance de débuter par vous à la scène, où je veux conquérir aussi, de mon côté, une belle place.

Mille expressions de reconnaissance pour votre bienveillant intérêt.

LASSAILLY.

Mardi, 24 décembre 1839.

Mais les choses en restèrent là. Le grand acteur manqua-t-il d'enthousiasme pour ce rôle de vieillard? ou est-ce Lassailly lui-même qui se découragea?... Peut-être la pièce n'était-elle pas tout à fait au point. Ce billet très bref le laisserait supposer :

MON CHER BOCAGE,

Je suis malade, comme vous savez. — Je n'ai pas fini le cinquième acte, mais je vous le porterai, jeudi matin, sans faute. — La pièce vous convient-elle?
Tout vôtre,

LASSAILLY (1).

Ce qui est certain, c'est qu'il n'est plus entre eux question de *la Famille*. Toute son activité va se porter sur une nouvelle tentative de presse qui absorbera ses loisirs — ses dernières forces. — En janvier paraît le premier numéro de la *Revue critique* (2).

Rédacteur unique, Lassailly témoigne, en cette suprême tentative, d'une activité frémissante. Pièces de vers, nouvelles, esquisses dramatiques, variétés satiriques, chroniques et portrait : sil s'emploie comme il

1. Lettres inédites.

2. Bocage fut un des premiers souscripteurs. Le 5 février 1840 : « Mon cher Bocage, je vous envoie la quittance que vous m'avez demandée, avec le premier numéro, dans le cas où vous ne l'auriez pas reçu faute d'exactitude dans l'adresse. Donnez-moi les adresses que vous croirez bonnes, par écrit, quand vous en aurez le temps. Mes remerciements de votre intérêt pour moi et amitiés dévouées. — LASSAILLY. »

ne l'avait pas fait à l'*Ariel*. Il faut l'avouer, rien de tout cela n'a grand intérêt. Th. Gautier a besoin de quelque complaisance pour admirer le fragment de *Napoléon Descars* ou l'*Oreiller de pierre* (1). La petite comédie des *Taupes*, dont il n'a d'ailleurs écrit que le premier acte, n'a guère que la portée d'un vaudeville satirique : l'histoire assez banale d'un laquais maître-chanteur, apprenti journaliste — manière de Figaro, sans la verve de Beaumarchais.

En somme, un seul trait, dans ces quatre livraisons, est à noter : une âpreté de ton, une amertume qu'on ne lui connaissait pas, — non plus l'exaltation cabotine de Trialph, quelque chose de plus sincère et parfois de douloureux.

Est-ce une vague conscience du danger qui le menace, du travail de désorganisation qui s'accomplit en lui et comme une révolte de l'instinct? Quelques articles sont d'une violence singulière. Aristophane est son maître (2). Il s'en prend tour à tour aux démagogues, aux pontifes d'académie, à la critique et, par instants, à la littérature moderne tout entière.

Victor Hugo lui-même, pour qui il professe cependant une admiration profonde et dont il défend la candidature académique, n'échappe pas toujours à son aigreur.

---

1. *La Presse*, 17 février 1840.

2. La revue devait s'appeler d'abord : *La Revue aristophanique*

Il est assez maltraité, en compagnie de Ronsard, dans un article de la deuxième livraison :

Ce qui manque, dans l'un et dans l'autre, c'est l'inspiration, non pour les détails coquets, mais pour le fond du sujet et surtout pour son ensemble ; non pour décrire ou pour raconter, mais pour sentir et pour juger... C'est d'ailleurs la même science des notes du clavier des rimes et de la partie instrumentale du rythme ; c'est l'éclat plutôt que la richesse d'une palette dont les couleurs, fausses et contournées, déguisent l'absence du dessin dans l'œuvre du poète et ne sont séduisantes que vues de loin... Mais où se rencontre-t-elle, l'invention, qui est la première et la plus essentielle qualité de la poésie ?...

Et il est question encore de la *scandaleuse révolte* de Hugo *contre toutes nos traditions littéraires* (1).

Voici, en revanche, sur Rachel, espoir du classicisme renaissant :

Mlle Rachel, si vantée, ne mérite pas cependant les exagérations de l'enthousiasme public pour elle. Jamais elle n'a *joué* ses rôles ; elle ne fait que les *dire*, en détaillant les points et les virgules. Quoi qu'on dise, c'est une misère que cet art-là... (2).

Mais rien n'égale, comme violence, le portrait de Lélia, à la quatrième livraison :

J'ai assisté, de mon temps, à un spectacle étrange.

Il était une femme qui se faisait glorifier par toute la terre,

1. *Réforme littéraire* (2e article).

2. Première livraison, *Tablettes*.

à cause de son éloquence pleine de cendre et à cause de ses paroles vaines comme un écho.

Elle avait pris nom Lélia.

C'était une femme d'un sexe double : elle était hermaphrodite.

Sa tête tournait au vent. Elle avait des sens à fleur d'épiderme. Des flammes phosphorescentes luisaient dans sa prunelle. Un creux baillait de tout son vide à la place du cœur qu'elle n'avait pas.

Des hommes qui étaient femmes eux-mêmes, et plus femmes qu'elle, l'idolâtraient.

Le nombre en était grand.

Au nom de sa ferveur chrétienne qui revit en ces dernières années, il attaque les tendances de cet art mortel :

L'individualité, qui fut d'abord d'un légitime usage, devient bientôt un abus. Il en résulte, dans la pratique générale des choses, que le dehors, l'accident, le relatif, le pittoresque, le fantastique, le féminin, nous préoccupent par-dessus tout.

Elle est comme une reine, et l'on voit son trône entouré de reptiles. Elle porte à son front blafard une couronne d'étain. Elle est environnée d'ombres et de tourbillons.

Le Désordre est son engendreur. Sa parole donne la mort, au lieu de donner la vie.

Elle a joué avec l'erreur, elle a pactisé avec le mensonge; elle a commis toutes les iniquités du blasphème; elle s'est élancée sur le cheval ailé du scandale; elle est tombée dans une vase impure qu'elle avait prise pour claire fontaine. Ne lui tendez pas la main pour la retirer de cet abîme.

Ne songez pas qu'elle ait un mérite quelconque. Elle n'aime que les crépuscules. Ses apparences de talent sont factices. Elle est incapable de création par la tête ou par le cœur. Elle ne pense pas. Elle est loin de sentir. Elle ne peut jamais conclure. L'invention aussi lui est impossible.

Elle souffle des bulles de savon dans l'air. Elle fait ses livres avec des mélanges qui s'annihilent. Son Jacques est l'accouplement hétérogène du Volmar de Rousseau et l'Obermann de Sénancour. Durant deux volumes, elle a prêché la thèse immorale d'un frère qui ne peut être heureux qu'avec sa sœur; et puis elle n'ose réaliser au dénouement la conséquence de toutes ses incroyables abstractions. Alors elle s'engouffre dans le chaos d'un lieu commun, et les hommes aveugles s'écrient qu'elle est le soleil flamboyant.

Ah ! son éloquence vibrante s'est inspirée de toutes les grandes clameurs qui ont été poussées dans l'espace, par de fortes natures humaines. Elle leur a servi de harpe éolienne, par l'entremêlement de ses branchages, et leur a semblé donner une valeur nouvelle, parce qu'elle était creuse et pleine d'air, ce qui a paru profond.

Son métier habituel est de décalquer tous ceux qui l'approchent. Elle a volé à l'un sa physionomie, à l'autre sa cervelle, à celui-ci ses entrailles, à celui-là son cœur.

Ses admirateurs imbéciles ne se sont pas aperçus que par leur qualité d'hommes, et par conséquent qu'étant doués de la pratique des choses humaines, ils n'avaient jamais osé, pour leur propre compte, faire à la société une guerre inconséquente, où ils auraient été obligés d'aboutir, contre les lois universelles, à des impossibilités sans aucun sens. Mais Lélia, comme un enfant sur ses jouets, a trépigné sur les régles les plus divines avec une joie sacrilège.

Et la fin dépasse toute mesure :

O moderne Sapho, si vous avez une ardeur inextinguible qui dessèche vos veines et vous pousse à la démence, précipitez-vous du haut d'un promontoire dans les gouffres d'une mer froide et silencieuse. Vous feriez mieux que de vivre ainsi !

Et si Dieu veut vous punir, vous aurez des enfants.

Dieu le voudra. Dieu n'est pas le maître de faillir à ses lois éternelles. La logique est dans ses mains; l'absolu est dans sa pensée.

Et de vos enfants, ô Lélia, si l'un est une fille et l'autre un fils, voici ce qui leur arrivera pour leur malheur et leur perdition.

Vous les vêtirez, le garçon en fille et la fille en garçon. Ainsi sera dénaturé leur type originel, par un abus de votre fantaisie à violer les choses les plus vraies.

Et votre fille, même étant chaste et vierge, sera coquette. Au premier sourire dont elle sourira devant les jeunes hommes, ceux-ci diront en hochant la tête : « Elle est impure comme sa mère ! »

Et le fils ne pourra marcher ses pas dans le chemin de la vie, sans rencontrer partout vos innombrables amants, ô Lélia ! Peut-être les souffletera-t-il pour se venger de leurs dédains. Alors, il tirera l'épée. Il sera blessé.

A son lit de mort, il maudira la femme qui l'aura enfanté. Sa sœur se lamentera, inconsolable. La mère craindra de s'avancer près du mourant, à cause qu'elle est Lélia.

Ce numéro, le dernier de la *Revue critique*, parut fin mars. Le 10 avril, Lassailly se sentait accablé de repentir et écrivait à George Sand pour demander son pardon. Article et lettre témoignaient d'un esprit irrémédiablement troublé. Lélia le comprit, qui répondit avec une généreuse indulgence (1).

1. Collection Spoëlberch de Lovenjou (lettres signalées par M. Lardanchet).

Dans le courant du même mois, il fallut l'enfermer, à la maison du docteur Blanche d'abord, ensuite, 21, rue Neuve-Sainte-Geneviève, chez le docteur Brière de Boismont. On connaît les lignes émouvantes que lui consacre Vigny dans son journal. Il ne s'en tint pas à une sympathie platonique et intervint personnellement, ainsi que Lamartine, pour appuyer la supplique que Léonide Lassailly adressait au ministre de l'Intérieur, Ch. de Rémusat :

> Je voudrais que mon nom eût assez d'autorité pour attirer un juste secours sur ce malheureux jeune homme ainsi arrêté dans ses travaux et ruiné dans ses entreprises. J'atteste son mérite rare et son talent très réel qu'il n'a pas eu le temps de faire apprécier à sa valeur.
>
> Mai 1840. Alfred DE VIGNY (1).

Et c'est lui, pourtant, que le malheureux fou accusait d'avoir voulu son internement et qu'il poursuivait de sa rancune tenace. A Gavarni, en août 1840 :

> MON TRÈS CHER GAVARNI,
>
> Vous vous rappelez ce jour où je fus, chez vous, passer la nuit du samedi au dimanche? Auriez-vous cru qu'on me volerait quatre mois de ma vie et de ma liberté sous le prétexte que j'avais refusé à M. Aussandou de me soigner? Eh bien, mon

1. Au-dessous, les signatures de Lamartine, du marquis de Lagrange, de Cadeau d'Acy et de Monier de la Sizeranne.

pauvre ami, je suis en prison depuis quatre mois, pour avoir voulu me confier à mon médecin ordinaire. Mes prétendus amis, M. de Vigny et M. Antony Deschamps, m'ont attiré dans un guet-apens, chez M. Blanche, où l'on a commencé par me mettre trois jours de suite la camisole de force. J'y ai sacrifié toutes mes mains et il m'en reste encore des traces. Je manque de tout. Alors on m'a refusé d'écrire à ma sœur pour avoir sa visite et quelque peu d'argent; mais on n'a pas voulu me donner de papier ni d'encre, ni plume, par peur de me causer une congestion cérébrale. Pourtant, on m'avait saign déjà au bras droit et au pied droit. On m'avait donné un vomitif et, un autre jour, deux onces d'huile de ricin. On m'avait mis vingt sangsues au fondement et, à une autre reprise, trente-six sangsues aux deux oreilles. On me faisait prendre des bains de six heures par jour et l'on me rendait le domestique des domestiques.

Mon cher Gavarni, je n'ai ni savon blanc d'amandes pour me laver les mains; j'ai deux mauvais foulards, l'un pour me moucher, l'autre pour me mettre sur la tête la nuit, depuis quatre mois, etc., etc., etc.

Maintenant je suis chez M. de Boismont, rue Neuve-Sainte-Geneviève, n° 21, au Marais. Rendez-moi la liberté, c'est me rendre la vie. Je suis votre malheureux ami.

Ch. LASSAILLY.

Les mêmes plaintes dans une lettre à J. Janin :

MONSIEUR ET CHER JULES JANIN,

Venez me voir (je me jette à vos genoux pour cette faveur d'obligeance), avant votre feuilleton de lundi. J'ai les choses les plus graves à vous confier. M. de Vigny me persécute à cause que j'ai trouvé les preuves de votre critique de *Chatterton* (1). Il m'a mis dans une maison de santé qui est une

1. *Les Débats* (14 février 1835) avaient pris parti contre *Chatterton*,

prison et il prétend que je suis *fou*, parce que je sais le *vrai* du *vrai* sur son ouvrage immoral. Venez donc me voir. Rappelez-vous qu'il a épousé une femme d'Angleterre et accourez pour me venger, au nom de la vérité.

Ch. LASSAILLY.

P.-S. — Si l'on vous dit que je n'y suis pas, c'est faux; car je ne sors (pas plus que d'une prison) jamais de cette maison. C'est qu'on voudrait m'empêcher de vous voir, et l'on aurait les raisons pour cela, trop évidentes, contrairement à mes intérêts, mais c'est M. de Vigny qui me confisque ainsi pour ses intérêts d'amour-propre, et avec l'hypocrisie d'être mon ami le meilleur.

Un an plus tard, son état ne s'était pas amélioré. Voici une lettre encore, à Gavarni, du 7 septembre 1841 :

Il y a quatre jours déjà que j'ai trente-cinq ans,
cela me force à me préparer une position
grave comme mon âge.

CHER CHEVALIER DE GAVARNI,

Vous serez ravi de voir que je fais des avances pour vous revoir et renouer commerce de relations avec vous, qui m'aviez aussi abandonné.

Venez me voir; je suis mieux logé; vous n'avez plus qu'un premier à monter et dans une maison neuve. J'ai une chambre à laquelle il ne manque que des agréments en elle; et je compte un peu faire quelques petites dépenses et je compte sur quelques cadeaux de vous pour égayer mes murs.

Au 1er mai, au plus tard, je serai des vôtres, à jamais, pour

---

reprochant à Vigny de faire l'apologie du suicide, appelant son œuvre un « conte de mauvaise philosophie ». L'article, il est vrai, est signé R.; mais J. Janin, à son tour, et à plusieurs reprises, avait adressé à la pièce le même reproche (feuilleton du 16 février, du 6 avril, du 25 mai).

épouser une héritière, sur ma réputation de six ans de *continence*, que je laisserai savoir, et ce sera encore un avantage que j'aurai sur beaucoup de concurrents et qui me distinguera ; puis j'espère me poser en littérature utile et *originale*, d'une manière importante et lucrative.

Je ferai des collections, et mes manuscrits sont brûlés ; mais mes amis m'aideront à recueillir les meilleurs débris [1].

L'affaire Souverain va se faire. J'ai de vos *mémoires* à vous demander quelques pa.es charmantes, et votre réputation confirmera la vente, à côté de Suë, de Charles de Bernard, de Balzac, de Gozlan, de Théo. Gautier, quand on vous reconnaîtra ces nuances si élégantes et si spirituelles de votre dessin et de vos farces de phrases, dans les jolis récits et les études de style de votre grande franchise sur le cœur humain. Ce sera votre essai de début, je crois ; et je vous prédis, moi qui suis un prophète, que vous serez appelé : le MARIVAUX MODERNE !

Tout à vous de cœur et pour l'esprit,

Ch. LASSAILLY.

P.-S. — Envoyez-moi la collection des *Gens du monde* et d'*Ariel*, et des enveloppes, car je n'en ai pas une pour cette lettre-ci : Oh ! quelle est la détresse du sire !

Comme il n'y a que des bibliothèques fermées, je n'ai plus de prétexte pour sortir, et en semaine, vous me trouverez ordinairement dans ma chambre, donnant sur un assez joli jardin.

Mes hommages à qui de droit, et mes amitiés aux bons-enfants des soirées et aux vrais artistes, sans ébruiter trop ma santé, parce que les gens de l'opposition voudraient me faire sortir *trop tôt*, et il est *prudent*, pour des travaux à finir, afin

1. Dans une autre lettre : « Pouvez-vous me placer un article, chez Curmer [pour la collection *Les Français peints par eux-mêmes*], sur *les maisons de santé*. Je vous assure que je ne serais pas fâché de mettre mon nom là, d'y gagner quelque argent et d'y raconter de bonnes et plaisantes drôleries. Mieux que personne, je puis faire cet article... »

d'avoir un été solide, de ne pas s'exposer, avant le 1er mai, aux rigueurs d'un hiver où le pain et le bois seront chers.

Prochaine visite ! et prochaines nouvelles ! ne va pas faire l'endormi ! que je ne puisse pas dire que tu n'es pas venu me voir, comme d'Anglemont, ce qui n'est pas vrai, déjà, pour toi, puisque tu es revenu, cher ami, pour une obligeance qui venait si à propos !

Ah ! je suis content d'un succès que je viens d'obtenir, aujourd'hui même. Tu connais de réputation M. Ballanche, mais seulement tu sais que c'est un écrivain versé dans la science de l'antiquité. Eh bien ! je me vante de savoir, à part l'*Histoire ecclésiastique*, dont tu ne fais pas grand cas entre nous, des choses neuves en tout, et sur Homère, par exemple, que je me fais gloire de mieux juger sur sa grande portée intellectuelle et de sagesse, que tous ceux qui ont parlé de cet homme si souvent reproduit dans les éloges de quatre mille ans : M. Ballanche m'a avoué que je venais de lui exposer une analyse de l'*Iliade* et de l'*Odyssée* qui lui donnait un jour nouveau sur ce temps-là.

Mon ami, je n'ai pas été malade d'avoir trop travaillé; c'est le cœur qui a souffert; tu le sais mieux que personne. Les réflexions que j'ai faites pendant quinze mois de méditations, d'épreuves, de larmes et de grandes idées, m'ont donné un autre caractère et m'ont ouvert un horizon immense; peu de besoins pour les convenances d'une position où je tiens surtout à payer mes dettes et puis à ne plus en faire d'autres. Tout cela je te l'expliquerai avec d'autres choses intéressantes pour l'affection que toujours tu m'as prouvée et tu sais que :

je suis le plus aimant des hommes de la terre

et que cela n'est pas vrai que je commettais

je commets, quelquefois, le crime d'adultère (1).

1. Lettres inédites.

Il ne devait plus retrouver la santé — ni la raison. Sa sœur Léonide le soignait avec un dévouement admirable. Mais elle aussi était rongée de tuberculose et dans l'impossibilité de suffire à sa tâche; il lui fallut regagner Orléans. Les lettres qu'elle écrit de là-bas à Gavarni sont infiniment douloureuses, — et c'est de son frère seul qu'il est question... L'existence du malheureux se prolongea jusqu'au milieu de l'été 1843.

Eut-il la joie, durant cette agonie, de voir une fois encore cette comtesse de Magnencourt qu'il avait aimée? Mme Dash nous l'affirme : « Il s'en allait s'éteignant, demandant la comtesse à grands cris. Un de ses amis pensa à lui donner la satisfaction de la voir. Il alla bravement trouver le comte, lui raconta cette touchante histoire de son poète mourant d'amour et le supplia de permettre à sa femme de faire luire un dernier rayon sur cette existence qui allait s'éteindre. M. de Magnencourt conduisit lui-même la comtesse à l'hospice Dubois où Lassailly pleurait ses dernières larmes. Il n'entra pas avec elle dans la chambre du malade; un ami assista à cette entrevue. Prévenu du bonheur qui lui arrivait — on craignait l'effet d'une surprise — il avait fait couvrir son lit de fleurs; sa chambre en était tapissée; c'était encore un bouquet pour elle. Le pauvre garçon ne fit que l'adorer les mains jointes ! elle seule parla. Il n'avait jamais entendu sa voix. Des pleurs de joie s'échappaient de ses yeux. Elle fut bonne et secourable, intelligente; elle se laissa baiser la main et lui promit de revenir. Il mourut le même soir, en extase... »

Tout cela, sans doute, paraît bien arrangé. Il est permis de conserver des doutes ; mais on souhaiterait que la comtesse Dash eût dit vrai. La vie lui devait au moins cette suprême illusion.

ROGER DE BEAUVOIR
ET LA BOHÊME DORÉE

Mon cher ami - c'est pour ce soir
l'auriez-vous oublié ô Michette, ô Flahaut
on vous attend !
à table à 7 h. précises.
De par l'Amour
pour copie conforme
Roger de Beauvoir

Lettre autographe de Roger de BEAUVOIR.

Roger de Beauvoir et la Bohême dorée.

On a raconté souvent les démêlés d'A. Dumas et de Gaillardet au sujet de *la Tour de Nesle*. Pour juger le procès, il nous manque une pièce essentielle. Nous avons les plaidoiries des intéressés, leurs doléances, leurs protestations, leurs interminables polémiques..... Mieux vaudrait connaître la version première, celle que le directeur Harel avait reçue d'un jeune homme inconnu et qu'il remit à Janin d'abord, à Dumas ensuite. Que reste-t-il, dans l'œuvre définitive, de ce drame primitif?

Peut-être est-ce à Roger de Beauvoir qu'il faut demander la clef du mystère (1). De son *Ecolier de*

---

1. Sur Roger de Beauvoir, voy. Félicien MALLEFILLE, Notice en tête du *Chevalier de Saint-Georges*, 2e édit., Paris, Delloy, 1840. — Philibert AUDEBRAND, *Romanciers et viveurs du XIXe siècle*, Calmann-Lévy — Comtesse DASH, *Mémoires des autres*, Paris, Librairie illustrée (t. V, chap. VIII-XII). — Dr VÉRON, *Mémoires d'un bourgeois de Paris*, Paris, Librairie nouvelle, 1856 (t. III, chap. I-II). — A. KARR, *Le Livre de bord*, Paris, Calmann-Lévy, 1880 (t. II, p. 90-100). — G. CLAUDIN, *Mes Souvenirs*, Paris, Calmann-Lévy, 1884 (p. 24). — Maxime DUCAMP, *Souvenirs littéraires*, Paris, Ha-

Cluny au drame retentissant, la parenté est évidente, et Dumas, peu scrupuleux en ces matières, est le premier à le proclamer : « Au commencement de 1832, écrit-il dans une notice nécrologique, il publia *l'Ecolier de Cluny*. Trois jours après, un de mes amis, Fourcade, venait me proposer de faire un drame de Buridan. Un mois après, Harel m'envoyait le manuscrit de *la Tour de Nesle* de M. Gaillardet. Tout le bruit que fit cette œuvre étrange, ce fut Roger de Beauvoir qui en fut cause. Pas d'*Ecolier de Cluny*, pas de *Tour de Nesle*... [1]» Ceci est tout à fait catégorique. Il est vrai que Dumas, en faisant la part belle à son ami, songe surtout à être désagréable à Gaillardet et à lui contester sa seule gloire, ses droits de priorité.

Quant à Roger de Beauvoir, il n'a jamais songé à faire valoir ses titres propres. Il n'est pas homme à exploiter ses œuvres ou à se poser en rival de personne. Sa devise dit vrai : *Video nec invideo*. Qu'il s'agisse de gloire ou d'argent, c'est la même insou-

---

chette, 1892 (t. I, p. 139-142). — Arsène HOUSSAYE, *Les Confessions*, Paris, Dentu, 1885 (t. I, liv. VI). — BARBEY D'AUREVILLY, *Les Œuvres et les hommes : les Poètes*, Paris, Amyot, 1862. — Marc DE MONTIFAUD, *Les Romantiques*, Paris, 1878 (p. 225-230). — Léon SÉCHÉ, *A. de Musset*, Paris, Mercure de France, 1907 (t. I, p. 169-181). — Léon SÉCHÉ, *La Jeunesse dorée sous Louis-Philippe*, Paris, Mercure de France, 1910. — Jacques BOULENGER, *Sous Louis-Philippe, les dandys*, Paris, Ollendorff, 1907 (p. 151-163, 389-394).

1. En tête de *Les Soupeurs de mon temps*, œuvre posthume de Roger de Beauvoir. Paris, A. Faure, 1868.

ciance; dans cette génération de poètes, au milieu de jalousies assez âpres, il affecte d'être seulement un dandy.

Sa noblesse, pourtant, était de fraîche date. Son père, receveur général à Laon, s'appelait simplement Roger. Soucieux d'élégance, il adopta le nom de sa mère et devint Roger de Bully; plus tard, une propriété familiale en Normandie, la terre de Beauvoir, lui fournit mieux encore. Après de brillantes études aux Oratoriens de Juilly et aux Jésuites de Saint-Acheul (1), le prince de Polignac, ambassadeur à Londres, l'avait, en 1828, attaché à son cabinet; la chute de Martignac ramena à Paris le prince et son protégé et bientôt, la Révolution arrêta net une carrière diplomatique à peine commencée. Je ne crois pas qu'il en ait éprouvé la moindre déception. Un instant, même, il partagea les enthousiasmes libéraux de la jeune école et chanta, comme tant d'autres, la liberté; mais, sans parler des traditions légitimistes de sa famille, la politique n'était pas son fait. Sa situation personnelle lui permettait une vie indépendante et joyeuse; dans sa cervelle, bourdonnaient les vers fringants des *Contes d'Espagne et d'Italie;* il rêvait de gloire et de plaisir...

L'Ecolier de Cluny fut, en avril 1832, sa première

1. Voy. *La Vie d'artiste*, dans *La Cape et l'épée*... C'est à Juilly que Roger avait connu Régnier, le futur sociétaire de la Comédie-Française.

œuvre [1]. Comme *la Tour de Nesle*, le roman a pour point de départ les quelques lignes bien connues de Brantôme, pour sujet l'aventure de Buridan. Mais le Buridan de Roger de Beauvoir est un enfant encore au début du livre; il est à peine un homme fait quand il revient, six ans plus tard, pour venger son ami assassiné, sa mère morte de douleur... Nous sommes loin du grand aventurier conçu par l'imagination mélodramatique de Dumas.

Au reste, cette intrigue n'est pas l'essentiel. Autour de l'anecdote elle-même, ce qu'il a voulu évoquer, c'est le Paris du XIVe siècle et surtout le monde des écoles, bruyant et tumultueux. Cette évocation est d'un véritable artiste. Sans doute, il faut, pour la goûter, se résigner à certaines manies romantiques. Roger de Beauvoir parle dans sa préface des écrivains qui « entrent au cœur du vieux langage, se faisant caducs à plaisir et ridant leur style au point d'effrayer parfois l'intelligence du lecteur... ». Lui-même n'a pas osé renoncer à cet archaïsme de bric-à-brac. Et ce sont des *Or ça!* des *Par ainsi!... M'est souvenance... Oyez-vous pas*, des inversions, des ellipses, des suppressions d'articles, des mots désuets, tout ce qui ravissait les admirateurs du bibliophile Jacob.

Avec ces vieilleries, il déploie les élégances du

---

1. *L'Ecolier de Cluny ou le Sophisme*, 1315, Paris, Fournier, 1832, in-8° (2e édition la même année, 2 vol. in-12).

style 1830 : ces pâmoisons, ces extases et ces malédictions, ces regards de flamme et de velours, ces beautés fatales, ces baisers douloureux comme des morsures, ces femmes qui sont des fleurs, et qui sont des anges, et qui sont des démons... Voici le ton des scènes d'amour :

C'était une haleine de feu passant d'abord sur les boucles de ses cheveux, puis un regard d'ange tombé, lascif et suave ; un bras qui repousse, un bras qui cède, une bouche qui prie, un front ployé sous une caresse, un combat de réprouvé, un étonnement d'élu (1) !

Eloquence fâcheuse. Encore Roger de Beauvoir use-t-il de ces ornements avec plus de discrétion que Dumas, et même que Janin, puisque c'est à lui qu'appartiennent les tirades les plus sonores de *la Tour de Nesle*. Pour être juste, d'ailleurs, il ne faut pas le juger sur les grandes scènes qu'il a voulues saisissantes, la scène de la tour, la résurrection du cadavre, l'apparition de Buridan sur la barque de Mme Jehanne...

Quand il songe moins à faire frémir, ses qualités d'artiste se révèlent plus librement. Au milieu du fatras traditionnel, des notations fines et précises se détachent. Il a l'art de peindre avec des mots. Ce nocturne :

Enfin, il avait sa nuit ! Sa nuit ! Une belle nuit large d'ombres et de lumières, fraîche de son lointain brouillard, projetant sur un pavé de neige les formes obscures des gothi-

---

1. 2e édit., t. I, p. 132

ques pignons, des dômes crénelés et des tours d'églises... La lune laissait dans l'ombre le quai désert des Augustins pour accuser d'un plus vif éclat la longue ligne de craie faisant suite au Louvre comme un blanc feston jusqu'à l'île Louviers... Jehan regardait la Seine refléter au loin, comme un lac bleu, les arches du pont Saint-Michel... (1).

Cette fin d'incendie :

L'incendie en était à son râle; il se levait et retombait par secousses, furieux et sombre, indolent et morne; tantôt comme un hydre dardant le ciel de ses langues de feu qui se croisaient en sifflant ou s'étendant à flots de bitume comme une lave qui s'apaise... (2).

Ailleurs, des tableaux plus largement brossés, Cluny la nuit, le sac du moulin des Juifs, la rue de la Parcheminerie :

Par une de ces matinées tièdes et molles, égayées comme à regret par un lent rayon de soleil, la rue de la Parcheminerie fit crier ses auvents et ses châssis plus bruyamment que de coutume; les enseignes poudreuses et flottantes et les saints de bois sculpté en frémirent; nombre d'écriteaux soutenus par de longs câbles couraient d'une boutique à l'autre, comme les fusées d'un artifice, se croisant avec les poutres et les toits, pendant que le cornet d'ivoire d'un crieur frappait de son maigre écho le haut parvis de Saint-Séverin. A cette heure, plusieurs manteaux de genette noire ou fauve se perdaient dans l'ombre des rues, sous la lueur blafarde des falots de papier peint, tremblotante dans les recoins les plus sombres... Peu à peu, la foule des écuyers et des varlets regagnant le

1. T. I, p. 111, 114, 118.
2. T II, p. 16.

matin leurs hôtelleries s'était perdue dans le bruissement de cette rue sale et fumeuse où glapissaient mille voix plus criardes et plus grotesques que de coutume. Quelques figures d'écoliers se montraient déjà au châssis surplombé des boutiques près desquelles les marchands forains se glissaient en fraude, couvrant des plis de leur longue cameline un parchemin acheté à la foire Saint-Lazare pour frustrer les droits et le revenu fixe du doctorat... (1).

Dans ces décors du vieux Paris, tourbillonne une foule bariolée et pittoresque, écoliers, marchands, ribaudes et bourgeois. Ce peintre a le don du mouvement : des cortèges se déploient, des bagarres éclatent, des répliques et des lazzi se heurtent, les torches fumeuses trouent l'obscurité, des remous de foule refluent sur les berges de la Seine, balayés par un vent de colère ou de folie, et, dans les petites ruelles aux pavés pointus, résonnent les galopades des lourds chevaux du guet.

En somme, parmi les romans que fit éclore le succès de *Notre-Dame de Paris* (2), celui-ci est un des rares qui méritent d'être retenus, et si Roger de Beauvoir doit beaucoup à Hugo, Hugo peut-être lui devra quelque chose au cinquième acte du *Roi s'amuse.*

Les qualités dont témoignait *l'Ecolier de Cluny* étaient avant tout des qualités de romancier. Pourtant

1. T. II, p. 51, 59.

2. Voir aussi le début des *Mauvais garçons*, d'A. ROYER, Paris, Renduel, 1830.

Roger de Beauvoir sentit l'intérêt dramatique du sujet; lui-même essaya d'en tirer une pièce, en suppléant à ce qui manquait à l'intrigue de vigueur. Ce drame est resté inédit et inachevé. Des trois actes et cinq tableaux que promet le titre, deux actes et quatre tableaux seulement ont été écrits; encore les dernières scènes sont-elles à l'état de scénario.

Le manuscrit ne porte pas de date, et cela est fâcheux, car il devient difficile de rien conclure de certaines analogies. Une remarque cependant est permise : il serait peu vraisemblable qu'après le succès de *la Tour de Nesle*, Roger de Beauvoir se fût risqué à écrire une pièce encore sur un thème identique. Il est possible, au contraire, que son drame, commencé avant le mois de mai 1832, ait été interrompu quand Dumas eut mis triomphalement la main sur le sujet...

On connaît l'exposition pittoresque et nerveuse de Dumas, dans la taverne d'Orsini. Avec moins de force dramatique, le premier tableau de Roger de Beauvoir est d'un type analogue. Nous sommes à la porte d'une sorte de bouge ou de cabaret. Au premier plan, des sièges et des tables. Sur la toile de fond se profilent les deux rives de la Seine. A la droite du spectateur, la tour sinistre dresse ses murailles. C'est là que nous sont présentés les acteurs du drame : le jeune Buridan à la recherche de son ami Arthur, mystérieusement disparu, — le juif Manassès et une sorte de nain difforme, âmes damnées de Jeanne de Bourgogne, — le capitaine d'Albert, follement amoureux de la reine en qui il adore un ange de vertu, et, tour à tour, la foule bruyante des écoliers et les soldats du guet. La reine ne fait que passer, sous le masque, mais c'est elle déjà qui domine le drame. Des paroles mystérieuses s'échangent, une atmosphère lourde s'appesantit : ces jeunes gens qui disparaissent brusquement, cette barque qui, dans la nuit, traverse la Seine pour aborder au pied de la tour, ces cris de fête et ces menaces obscures, ces cadavres jetés au fleuve...

Le second tableau nous conduit à la tour de Nesle. Ecrivant pour le théâtre, Roger de Beauvoir a atténué certaines audaces que le roman pouvait se permettre. Au lieu d'un tableau de débauche, c'est presque une scène d'idylle qui nous est offerte, — assez inattendue. C'est le matin. Des événements de la nuit, Buridan ne garde plus, au sortir d'un profond sommeil, qu'un souvenir lointain et une sorte d'effroi. La reine n'a plus rien de fatal ni de satanique. Devant cette jeunesse, elle s'attendrit; elle hésite, comme elle hésitera chez Dumas; pour la première fois, elle est émue... Mais l'enfant veut savoir; son trouble ne lui a pas échappé; il la presse de questions indiscrètes et, tout à coup, la révélation se fait : sur la muraille un nom est gravé, le nom de son ami. L'horrible vérité lui est apparue, il doit mourir comme les autres, et la silhouette sinistre de Manassès se dresse.

Jusque-là, les deux drames sont d'une construction

analogue et tous deux suivent la marche du roman. Mais ce que le roman offrait de matière dramatique n'est pas loin d'être épuisé. Roger de Beauvoir a recours, pour son second acte, à un épisode nouveau, — et ici ses forces le trahissent un peu... Le capitaine d'Albert a pour femme une dame d'honneur de Jeanne de Bourgogne, la vertueuse Alice. Comme il convient en un drame romantique, cet ange est aimé d'un démon. Un monstre a levé les yeux vers cette pureté : le nain de la reine a osé lui déclarer son amour; repoussé dédaigneusement, il se vengera par la calomnie... Bien des courtisans déjà se sont émus des crimes étranges qui se succèdent; on a remarqué la barque mystérieuse; on a vu, la nuit, des silhouettes de femmes qui fuyaient. Or, voici que des soldats ont ramassé au pied de la tour une écharpe, et cette écharpe, tombée des épaules de la reine, appartient à Alice. Le nain tient sa vengeance : un mouchoir a suffi à Yago pour perdre Desdémone... Il est vrai que le capitaine d'Albert est un triste Othello, plus jaloux qu'amoureux et plus bavard que redoutable. Ses colères d'ailleurs sont interrompues brusquement : un tumulte éclate aux portes du Louvre, une députation d'écoliers vient demander vengeance; aux prières succèdent les revendications et les menaces, des orateurs populaires offrent à la reine un petit divertissement oratoire à la mode de 1830, et le tableau s'achève sur une scène d'émeute.

Avec le quatrième tableau, nous revenons aux jardins de la tour de Nesle. Le juif Manassès se prépare à ensevelir le cadavre de Buridan; mais l'enfant, évanoui seulement, revient à la vie et, au moment de le frapper à nouveau, le misérable reconnaît en lui son propre fils qui jadis lui avait été enlevé. Ceci n'est peut-être pas très vraisemblable, mais dans un drame romantique !... « Il y a là une scène à effet à placer », constate Roger de Beauvoir. Cette scène, il n'a pas eu le temps de l'écrire, car son manuscrit s'achève brusquement; il s'est contenté d'en esquisser le plan. Il avait songé d'abord à jeter le père et le fils dans les bras l'un de l'autre : attendrissement, pleurs de joie... Mais il a trouvé mieux. A peine Buridan a-t-il repris ses esprits (je cite exactement),

Les écoliers arrivent avec des flambeaux, on se saisit du juif. — C'est un assassin, dit Buridan. Dis-moi qui t'a poussé au meurtre et je pardonne. — *Les écoliers.* Parle ou tu es mort ! — Qui je suis ! Qui je suis ! Je suis ton... (*A part.*) Non, ce serait le déshonneur; encore un sacrifice à mon fils ! (*Haut.*) Qui je suis, vous ne le saurez jamais ! — Eh bien ! meurs ! dit Buridan. — C'est juste, dit le juif, et il tombe. (*En mourant.*) O mon fils ! mon fils !...

Une âme de boue est capable d'amour et d'héroïsme, et cela n'est pas sans rappeler d'assez près le dénouement de *Lucrèce Borgia.* — Après cette scène, grand tumulte encore.

D'autres écoliers arrivent tenant la reine qui se débat. Les archers la délivrent et chassent les écoliers. Elle se sauve,

Buridan et le sire d'Albert la reconnaissant crient tous deux vengeance !

C'est sans doute le châtiment de la reine que nous aurait présenté le cinquième et dernier tableau dont il ne reste rien.

Telle est, dans ses grandes lignes, cette esquisse dont le seul intérêt est de nous faire mieux comprendre quelles ressources dramatiques offrait le roman de Roger de Beauvoir. Dumas pouvait trouver dans *l'Ecolier de Cluny* l'idée première de sa pièce et le point de départ de son action; mais, dès le troisième tableau, il ne lui doit plus rien.

* * *

De 1832 à 1840, de *l'Ecolier de Cluny* au *Chevalier de Saint-Georges*, Roger de Beauvoir ne cesse pas de produire, mais il se garde des tentatives trop audacieuses et semble répugner à un effort soutenu. Sans doute est-ce, de sa part, insouciance naturelle. Peut-être aussi un certain dégoût de ces grandes machines à spectacle dont on abuse autour de lui, de ce bric-à-brac moyen âge, de ces pastiches à la manière de P. Lacroix et de son ami A. Royer. Il se contente de brefs récits, dont ses voyages ont évoqué le décor : la Florence des Médicis, la « docte et prude Bologne », Milan ivre de plaisirs, abandonnée aux bras de Bonaparte, Naples tumultueuse, débordante de vie, la majesté de Rome engourdie dans ses rêves et ses souvenirs, l'agonie pathétique de Venise, la Hollande des placides bourgeois et des marins aventureux. Récits colorés et violents, poussés au mélodrame, mais avec une sobriété qui, à cette date, n'est pas sans mérite (1).

Il ne veut pas faire figure de romantique à tous crins. Sympathique à la jeune école, il est l'ami de Vigny (2), il gardera toujours le culte de Hugo (3), mais il évite de prendre trop au sérieux le délire des disciples intempérants. Avant tout, ne pas être dupe; et il se moque agréablement de ce snobisme qui inspire tant de sottises :

Ce nom d'artiste aujourd'hui résume une position; pour quelques-uns, il constitue une fortune. Portez-vous des pantoufles grecques? *Artiste!* Une épingle avec un laphyte et un serpent? *Artiste!* Montez-vous à cheval en selle arabe? *Artiste!* Vous faites-vous moyen âge à trente francs chez Babin? *Artiste* encore ! Vous le voyez, cela ne coûte pas cher. Pour peu que vous ne sortiez pas de l'original et du grotesque, on vous tient artiste. En achetant de la vieille vaisselle, des épées de Juste, des aquarelles de Susse, en ayant de plus cinq médailles et une horloge à balancier, vous montez à la

1. *L'Eccellenza ou les Soirs au Lido*, Paris, Fournier, 1833. — *Il Puccinella et l'homme des Madones, Paris, Naples, Rome*, Paris, Ledoux, 1834. — KUYSH, *Histoire hollandaise du* XIVe *s. précédée d'une excursion en Hollande*, Paris, Dumont, 1837.

2. Voy. les deux premières pièces de *La Cape et l'épée* (*Prologue - Szaniga*).

3. On a raconté souvent l'histoire de cette plume d'aigle qu'il lui envoya en traversant les Pyrénées. Il est vrai qu'il en envoyait une autre à Louis Desnoyers, ce qui diminue un peu la valeur du cadeau.

sommité du genre. Vous voilà artiste aussi bien que Delaroche... (1).

Ces lignes sont d'un homme de goût. En somme, il n'a manqué peut-être à Roger de Beauvoir, pour prendre son rang d'écrivain, qu'un peu de fermeté d'esprit et de maîtrise de soi. Mais il ne résistait guère à l'attrait du plaisir. Sa fortune, son élégance, sa légèreté en avaient fait trop vite un des rois de la mode. Parmi cette jeunesse, cette bohême dorée qui voyait au boulevard de Gand le centre du monde (2), son prestige s'imposait : grave danger.

Vingt ans plus tard, Monselet s'étonnera encore de cette vitalité prodigieuse :

Quel sang actif ! Comme il va ! Comme il vient ! Et toujours souriant ! Sa vie se passe à échanger des poignées de main sur les boulevards, chez Tortoni et à l'Opéra. Il ouvre la bouche et il parle en vers ; il ne se tait que pour boire du vin de Champagne, mais qu'il le boit avec grâce et avec gaieté ! Où donc prend-il le temps d'écrire, ce causeur, ce viveur, cet amateur de tableaux, ce voyageur, ce plaideur, ce duelliste ?... (3).

Il marche, environné d'une cour : des admirateurs, des admiratrices surtout, comme la comtesse Dash. Auprès de Guttinguer, d'A. Tattet, d'Alton Shée, il

---

1. Préface de l'*Eccellenza* Comp., la même année, la préface de *Max* de LEGOUVÉ.

2. Voy. J. BOULENGER, liv. cit. (III, *Au café de Paris*).

3. *La Lorgnette littéraire*, Paris, Poulet-Malassis et de Broise, 1857.

est de la troupe bruyante des amis de Musset. En compagnie d'A. Houssaye et d'E. Ourliac, il fréquente la bohême galante de la rue du Doyenné. Avec Jules de Saint-Félix et Horace de Viel-Castel, il fait la joie des salons de la princesse Mestscherski, la mère du charmant prince Elim... Un survivant de la Régence ou du Directoire.

Sur le boulevard, dans les coulisses des théâtres qu'il fournit à l'occasion de vaudevilles improvisés (*le Cornet à piston, le Marquis en gage, le Neveu du mercier* — nous voici loin de *la Tour de Nesle!*), dans les bureaux de rédaction ou les cabarets à la mode, il attire tous les regards; sa verve intarissable, son faste, ses fantaisies, ses folies même éblouissent les chroniqueurs qui, sur son compte, ne tarissent pas. Son appartement de la rue de la Paix est légendaire : le salon Louis XV étincelant de dorures, de glaces et de cristaux, — la chambre tendue de velours noir avec ses meubles de chêne sculpté et ses vitraux précieux, — les tapis de la Savonnerie, les tableaux de maîtres, les collections rassemblées à grand prix, porcelaines, reliures, ivoires, armes anciennes, figurines et bibelots de toute sorte...

En 1843, changement de décor. Il passe du vacarme de la rue de la Paix à la délicieuse solitude de l'île Saint-Louis. Il se transporte au vieil hôtel Pimodan, mais ce n'est pas pour y goûter le charme du silence et du recueillement : des bals, des fêtes prolongées jusqu'au jour, une gaîté débordante et tapageuse, sans aucun souci des pruderies bourgeoises. Chez lui, H. Mosselman rencontrera la belle Apollonie Sabatier, le futur modèle de Clésinger, la *présidente* aimée de Baudelaire.

Et toujours table ouverte... Il est curieux de voir quelle importance ces jeunes raffinés attachent aux exploits gastronomiques. Quand il évoquera plus tard ses souvenirs, un titre s'offrira de lui-même : *les Soupeurs de mon temps* (1). C'est au cabaret que l'on juge un dandy, sa gaîté, son esprit, sa générosité, sa vaillance.

Parfois on le perd de vue : il voyage en Italie, en Hollande, en Espagne; mais il lui tarde de retrouver son terrain d'élection. Hors de Paris, il est toujours en exil : il ne peut vivre sans cette griserie des lieux de plaisir. Avec cela, la nature la plus franche, la plus spontanée, la plus naïve (ces roués de la littérature ont parfois des trésors d'ingénuité). Ecoutez ces vers — où il ne songe pas à la galerie :

Il a gardé pour lui le meilleur de sa vie.
Il ne vous dira point sa joie ou ses douleurs,
Car c'est un triste enfant dont la cruelle envie
Est de marcher souvent, lui-même, sur ses fleurs.
Il a peur, voyez-vous, des railleurs de la terre,
Il leur cache sa route et, du soir au matin,
Il a sur le visage un masque de satin
Et marche en raffiné qui brandit sa rapière... (2)

1. Paris, Achille Faure, 1868.

2. *La Cape et l'épée* (*Prologue*).

Plus tard, cette ivresse dissipée, il souffrira cruellement des déboires de la vie.

Sur son compte pleuvent les anecdotes, authentiques ou non. Une des plus amusantes est l'histoire de sa querelle avec Balzac. Le grand romancier, pour se venger d'une plaisanterie ancienne (1), s'est permis de l'égratigner dans sa *Revue parisienne*. Outrage impardonnable, il a parlé avec scepticisme de sa noblesse, et Roger lui a adressé un cartel en bonne forme. Mais je laisse la parole à Philibert Audebrand :

Un duel à l'épée ! Un duel à mort !

Non seulement le Tourangeau n'avait jamais manié un fleuret de sa vie, mais encore ayant un ventre d'une ampleur hors ligne, il comprenait bien que s'il allait jamais sur le terrain, il serait sûr d'avance d'y rester. Au surplus, il n'avait dans l'esprit rien de belliqueux. Il déclina donc la provocation, et cela dans une lettre adressée à son adversaire. Cette épître s'étendant sur quarante pages de sa magnifique écriture, fut confiée aux soins de Gustave Planche, avec mission de la remettre en main propre à Roger de Beauvoir. Notez que le fait se passait dans la matinée. Au moment où le messager se présenta chez lui, rue de la Paix, le provocateur prenait un bain.

— Etant en pleine baignoire, ainsi que vous le voyez, dit-il à G. Planche, je ne puis prendre connaissance de ce que vous m'apportez. Mais si la chose m'était possible, je n'en ferais

---

1. D'après A. KARR (*Le Livre de bord*, I, p. 249), c'était à propos de l'affaire Peytel et du rôle de Balzac :

Il faut éviter, hélas !
Balzac cherchant son Calas !...

rien. De M. H. de Balzac, je ne veux que la peau. Vous pouvez remporter sa prose... [1].

Bien entendu, on ne se battit pas. A vrai dire, je ne crois pas beaucoup à cette grande colère de Roger de Beauvoir qui, à part sa femme et sa belle-mère, ne semble pas avoir jamais détesté personne. Il a cependant quelques têtes de Turc à qui vont de préférence ses épigrammes : G. Sand, à qui il ne pardonne pas ses allures masculines, ses bottes et ses cigares; l'avocat Crémieux; le ménage Ancelot; le Dr Véron; Nestor Roqueplan, collectionneur de bassinoires, et ce pauvre Béquet, le journaliste des *Débats*, auteur du petit roman *le Mouchoir bleu*, dont il écrit l'épitaphe :

> Ci-gît Béquet, le franc glouton,
> Qui but tout ce qu'il eut de rente;
> Son gilet n'avait qu'un bouton,
> Son nez en comptait plus de trente.

Elles sont assez vives parfois. Sur l'hôtel, en construction, de la Païva :

> Quand donc finira-t-on ce bel hôtel d'albâtre?
> La Païva, pourtant, ne manque pas de plâtre.

A Mlle Z... des Variétés, cette dédicace, sur un exemplaire de *l'Ecolier de Cluny* :

> A vous, car vous l'avez voulu.
> Acceptez Buridan, ma belle.

---

1. Ph. AUDEBRAND, *Romanciers et viveurs du* XIXe *siècle* (p. 285).

Logez-le dans votre ruelle,
Par ce moyen il sera lu.
Si vous aviez été la Reine,
Je puis d'avance publier
Que vous auriez pris l'Ecolier,
Mais sans le jeter dans la Seine.

Pour un domino qui lui avait crié *bonne nuit!* au bal de l'Opéra :

Votre souhait va bien me chagriner :
Entre nous, convenez qu'il n'est pas fort honnête.
Nous n'aimons pas qu'on nous souhaite
Ce que l'on pourrait nous donner.

Lui-même était assez content de ces improvisations. Bâclées au hasard, souvent sur une table de cabaret, il prenait soin de les noter sur des albums conservés avec soin, et Audebrand dit avoir eu entre les mains quelque trois cents carnets de ce genre. Il a eu la sagesse, comme L. Séché, d'en donner seulement quelques échantillons. Il faut bien avouer que ces gentillesses, à distance, paraissent singulièrement fanées. On songe au jugement sans bienveillance de Jules Lecomte : « M. de Beauvoir est homme du monde avec les écrivains et écrivain avec les hommes du monde. C'est un étourdi que la Régence a oublié d'emporter dans son linceul et auquel la poudre et l'épée en verrouil manquent évidemment. Je ne vous en dirai rien parce que je crois que vous le connaissez; ici on le cite comme un homme aimable et trop bavard pour ne pas rencontrer quelquefois l'esprit dans ces flots de paroles (1). »

* * *

Une pareille existence était fâcheuse de toute façon. Ecrivain, elle le condamnait à n'être plus qu'un improvisateur. En 1837, il a publié le traditionnel volume de vers et, si l'originalité en est assez mince, la présentation, du moins, est pour réjouir les bibliophiles : un titre à effet, *la Cape et l'épée*, une typographie impeccable, un frontispice à l'eau-forte de Célestin Nanteuil... (2) Mais son activité s'emploie surtout à des besognes de presse. C'est dans cette voie que le conduisent ses aptitudes d'abord, puis les nécessités de la vie; il y réussit à merveille.

Amédée Pichot l'a enrôlé, en 1832, dans l'équipe de *la Revue de Paris* et accueille régulièrement ses chroniques, ses impressions de voyage et ses contes (3). Toutes les revues et les recueils littéraires s'ouvrent

---

1. *Lettres sur les écrivains français*, par VAN ENGELGOM, de Bruxelles, Bruxelles, 1837. Ce pamphlet souleva de violentes colères. C'est Roger de Beauvoir qui, dans le *Cabinet de lecture*, se chargea de répondre au nom de tous. Sur cette querelle, voy. Ph. AUDEBRAND, *Un Café de journalistes sous Napoléon III*, Paris, Dentu, 1888 (p. 316 et suiv.).

2. Paris, Suau de Varennes, 1837, in-8°.

3. Voy. en particulier, au tome XXII de la 2e série, 1835, *le Tueur, conte gascon* (réimpr. en 1838 dans les *Histoires cavalières*, Paris, Dumont), une nouvelle alerte dont les premières pages rappellent ou annoncent

à lui : *l'Europe littéraire* de Bohain, *le Monde dramatique* de Gérard de Nerval, *l'Ariel* de Lassailly, *le Figaro* d'Alphonse Karr, *la France littéraire* de Ch. Malo, *la Caricature, le Globe, la Mode* d'E. de Girardin, *le Journal des jeunes personnes, la Quotidienne,* sans parler d'une série de keepsakes.

Et peu à peu, à mesure que passent les années et que s'épuisent des ressources impuissantes à soutenir tant de prodigalités, une transformation s'opère en lui. Le chroniqueur-dandy, le journaliste amateur devient un professionnel, soumis aux exigences du métier, aux duretés de la bataille littéraire. Il ne s'agit plus d'écrire à sa guise, suivant sa fantaisie. Il faut produire, imposer sa copie, se faire une place et la défendre.

Dès la fondation du *Siècle,* créé en 1836, en concurrence à *la Presse* d'E. de Girardin et suivant la même formule, il entretient avec L. Desnoyers, chargé de la direction littéraire, une correspondance ininterrompue. Offres de manuscrits, réclamations, récriminations de toutes sortes, appels à l'amitié d'un vieux camarade, colères brusques, ces lettres sont plus pressantes d'année en année. Avec une gaîté, un peu factice parfois, on sent une amertume nouvelle et une âpreté qui surprend.

---

la meilleure manière d'A. Dumas. Or, il ne faut pas oublier que Dumas ne fait vraiment ses débuts de romancier qu'en cette même année 1835, avec les *Souvenirs d'Antony.* Quand il évite le mélodrame et le bavardage, Roger de Beauvoir est un conteur charmant.

Tout d'abord, il avait proposé sa collaboration avec une légèreté confiante et joyeuse :

TRÈS ADMIRABLE DESNOYERS,
LE FLÉAU DES BÉOTIENS,

Je vous envoie, suivant nos conventions, le volume II du *Monde dramatique* (journal) que je vous prierai de lire brièvement et de me renvoyer *item* (1). Vous y trouverez à sa première page, un long article sur les demoiselles d'opéra et *Mlle Laguerre.* C'est le seul article que j'aie fait dans ce genre régence, et comme les compliments (voire même ceux du Dr Véron) ne lui ont pas fait défaut dans le temps, je pense, cher maître, que je ferais bien de continuer cette série en forme de nouvelles. Je les réunirais ensuite en un volume chez mon éditeur, comme font Royer, Gozlan et autres amis.

Lisez, je vous dirai ensuite à votre bureau comment je ferais cela. Mille amitiés.

Mais les inquiétudes ne tardent pas :

Pensez-vous à moi, mon cher Desnoyers? J'ai bien peur que non; faites donc quelque chose pour votre ami. Ces demoiselles d'opéra formeraient chacune six colonnes par fois et je m'engagerais à compléter leur vie en ces six colonnes. Donnez-vous donc ces bayadères et passez-vous cette fantaisie peu coûteuse. J'ai l'air d'un *ruffiano* italien qui vous propose des femmes, mais c'est que je vous sais moral et que, sans cela, vous n'y penseriez pas.

Tout de cœur, cher ami.

---

1. Au tome I du *Monde dramatique* (p. 276), un article signé : *Des belles actrices.* — Au tome II, trois articles sur *les Filles d'opéra*; le premier seul (*Mlle Laguerre*) semble appartenir à Roger de Beauvoir dont il porte la signature.

Et bientôt :

Mon cher Desnoyers, j'ai beau vous écrire, vous ne répondez pas à mes lettres...

Il rêvait d'une collaboration assidue, mais Desnoyers est accablé de demandes et Roger ne cesse pas de demander — sans obtenir grand'chose. Au même moment, une autre déception, plus cuisante peut-être. Les directeurs du nouveau théâtre de la Renaissance, A. Joly et Villeneuve, avaient accepté, pour un de leurs premiers spectacles, un drame, *le Doge*, qu'il avait écrit en collaboration avec A. Royer. Ils comptaient passer après *Ruy Blas* et la pièce était sur le point d'entrer en répétitions (1), quand elle fut écartée et dut céder la place à *Bathilde*, de Dumas.

1. D'une lettre à Frédérick Lemaître : « ... Tout ce que j'ai à cœur, c'est que ma pièce entre le plus vite possible en répétitions et, comme les arrangements et coupures dépendent de vous seul, je vous serais bien obligé d'y mettre un peu de célérité. Il me revient de tous côtés que la pièce de Dumas qui a, vous le savez, une scène pareille entièrement à la nôtre, serait poussée par MM. de Villeneuve et Joly avec une telle promptitude de répétitions qu'elle pourrait devancer la nôtre. Cependant, outre le traité de Dumas qu'il a eu soin, par amitié autant que par délicatesse, de rendre très formel à cet égard, la parole de MM. de Villeneuve et Joly est assez avant engagée pour que nous ne puissions même la soupçonner. Une pièce reçue très postérieurement à la nôtre ne peut être jouée avant la nôtre ; il y aurait là un manque formel à tout ce qui est loyal. Parfaitement en dehors de ces combinaisons, vous nous demeurez comme acteur et comme ami dévoué, nous n'en doutons pas, mais c'est une raison de plus, un aiguillon pour composer *votre* rôle et *votre* physionomie avec *vous-même*. Aidez-nous donc de votre bon esprit, de votre chaleur, de votre jeune et vive intelligence... » (Inédit.) — *Bathilde* passa le 14 janvier 1839.

19 *décembre* 38.

Vous n'êtes pas sans savoir (ne fût-ce qu'à titre de voisin) la lâcheté de MM. Joly et Villeneuve à l'égard de notre pièce *le Doge*, pièce d'Alphonse et de moi. Cette pasquinade de fripons éhontés nous a fait perdre non seulement le fruit de notre travail, mais le fruit de ce que nous aurions pu faire pendant ces six mois...

Les oublis de Desnoyers, ses vaines promesses, ses complaisances pour des écrivains plus habiles ou qui ont davantage l'oreille du public, — toutes choses accoutumées chez un directeur de journal, — autant de trahisons dont il se plaint avec amertume. Le ton s'aigrit de plus en plus :

... Je vous prie en grâce de me dire si vous m'avez écrit pour vous moquer de moi, en m'assurant que mon feuilleton allait passer. Voilà six mois que vous l'avez... Si ce sont là des procédés aimables pour moi, apprenez-le moi. T. à V.

Que suis-je au *Siècle*? Rien. J'y donne une seule nouvelle par an et on me la fait réduire encore, pendant que d'autres personnes abusent du journal au point de le rendre exclusif à leur intention...

11 janvier 1838 : On me fait défiler devant moi des noms comme celui de MM. tels et tels qui n'ont jamais su écrire une nouvelle ! Je vous avoue qu'il faut tout l'arsenal de bons souvenirs et de rapports de famille qui s'attache à votre nom pour supporter des humiliations semblables... Tout à vous *quand même*.

13 avril 1839 : D'après le roman interminable qui s'ouvre aujourd'hui chemin dans le *Siècle*, je vois, mon cher Desnoyers, qu'il est plus que certain pour moi que ma nouvelle

passera aux calendes grecques. Je croyais pourtant vous avoir exposé dans une longue lettre, et même dans plusieurs longues lettres, de quelle importance il était pour moi que cette nouvelle passât.

Les feuilletons de M. A. Dumas, feuilletons prolixes au dernier degré, auraient plus besoin de vos ciseaux que mes nouvelles...

Passe encore pour Dumas, un peu encombrant en effet. Mais Lassailly, dont il connaît la misère...

Je ne suis point assez ridicule pour écrire *Louisette*, mais je suis moins puissant que son auteur. En une année, M. L... a eu quatre à cinq nouvelles dans le *Siècle*, je n'en ai pas eu la queue d'une !...

... Vous mettez du Lassailly au lieu de moi, c'est dur. D'autres en deviendraient pourprés, j'en ris...

Il n'en rit pas de très bon cœur. Ce mot encore, vraiment cruel, en 1840 :

Je ne vous demande pas la tête de Pommier, ni celle de Lassailly qui est bien mieux chez Blanche que chez moi (1) !

Il y a dans tout cela autre chose qu'amour-propre d'auteur. Si déterminé que fût l'optimisme de Roger de Beauvoir, cette insouciance, aux environs de 1840, ne pouvait plus se dérober à de mélancoliques réflexions. Sa situation matérielle était plus que compromise, et

1. Lettres inédites. — Il ne faudrait pas attacher trop d'importance à quelques accès de mauvaise humeur. L'article sur Lassailly, dans *les Soupeurs de mon temps*, est d'un autre ton.

le succès du *Chevalier de Saint-Georges*, en librairie et à la scène (1), ne suffisait pas à la rétablir. Il dut bientôt quitter l'hôtel Pimodan, vendre ses tableaux, hypothéquer sa propriété de Santeny (2). Sa santé aussi était atteinte et il commençait à payer les folies de sa jeunesse. C'est le moment qu'il choisit pour commettre la pire de toutes : ce dandy sur le retour épousa une des plus jolies actrices de Paris.

Elève préférée de Samson et de Mlle Mars, dont elle devait plus tard publier, en trois volumes, les souvenirs, Mlle Aimée-Léocadie Doze était entrée, en 1840, à la Comédie-Française et avait débuté brillamment. A défaut d'une personnalité marquée, elle tenait de ses maîtres toutes les traditions et les artifices du métier. La diction de Mlle Mars, ses attitudes, ses gestes, son élégance souveraine, — avec cette jeunesse qui, pour Mlle Mars, n'était plus qu'un lointain souvenir.

Dans le rôle d'Agnès, elle avait fait, dès son entrée, la plus vive impression (3). Une ingénue de dix-sept ans : on n'était plus habitué à cela. Gautier célébrait

1. *Le Chevalier de Saint-Georges*, Paris, Dumont, 1840, 4 vol. in-8°, 2e édit. la même année. — La pièce, tirée du roman par Melesville, est jouée par Lafont, Lepeintre aîné et Eugénie Sauvage, aux Variétés.

2. Plus tard, il faudra vendre Santeny. Quant au château de Beauvoir, il sera détruit dans un incendie.

3. Elle retrouva le même succès dans *le Verre d'eau*, de Scribe (rôle d'Abigaïl) ; *le Gladiateur*, de Soumet ; le *Lorenzino*, de Dumas.

avec enthousiasme la fraîcheur de son teint, l'éclat de son regard, l'ovale pur de son visage, ses cheveux blonds, la perfection de ses épaules et de ses bras [1]...

Roger de Beauvoir, vieil habitué des coulisses, n'était pas moins sensible que Gautier à ce genre d'agréments. Dans un article du *Monde dramatique*, en 1835, il reprochait déjà aux actrices de négliger la coquetterie qui, pour elles, est un devoir : « Mlle Mars *fut* belle... Disons-le franchement, nos comédiennes oublient trop aujourd'hui que la beauté doit être le principal soin. Nous avons beaucoup d'actrices spirituelles, et Mlle Déjazet peut bien se flatter d'être cousine en cela de Sophie Arnould; mais nous avons trop peu de belles actrices. La plupart sont de véritables *bas bleus* qui, au lieu des lèvres roses de Boucher, veulent avoir de l'encre aux doigts, lire des romans et rêver la gloire de Mme Sand. Il y en a que l'œil d'un indiscret a vues le matin, sur un boulevard, avec des bas troués, douze mille francs d'appointements et une robe sale. *O tempora!...* » Il n'ajoutait pas : *O mores!* les mœurs n'ayant rien à voir en cette affaire.

Mlle Doze avait à la fois la grâce et l'esprit; il négligea de s'informer de ses qualités domestiques. Mais, le mariage célébré au début de 1847, il fallut bien reconnaître que la beauté, en ménage, ne suffit pas. Leurs caractères se heurtaient violemment; il restait attaché

1. *Histoire de l'art dramatique*, t. I, p. 316.

à ses habitudes, elle était loin d'avoir « toute patience » et la belle-mère tenait son emploi avec une énergie farouche. Ni l'un ni l'autre, en somme, n'était fait pour la vie conjugale. Malgré la naissance de trois enfants, la rupture était inévitable; elle fut suivie d'un interminable procès (1).

Dans cette querelle, dans cette guerre plutôt, les épisodes bouffons ne manquent pas et lui-même les célèbre sur le mode héroï-comique. L'histoire des chapons envoyés de Normandie et que sa femme fait saisir par autorité de justice :

N'être pas, après vingt batailles,
Séparés même... de volailles !

L'histoire du comédien Bache qu'il envoie chez Mme Doze grimé en huissier menaçant — fantaisie qui lui vaut d'ailleurs un an de prison :

Vraiment, la *dose* est un peu forte !

disait l'auteur dramatique Joachim Duflot (2).

Avec Roger de Beauvoir, la gaîté ne perd jamais ses droits. Mais sous cette gaîté tapageuse, l'amertume et la colère percent souvent.

---

1. Voy. sa brochure *Mon procès*, 20 *mars* 1850, Paris, Impr. Gratiot, in-8°. — Mlle Doze avait abandonné le théâtre, du moins comme actrice, pour se marier. Elle se consacra aux lettres, écrivit dans les revues et fit jouer, au Français et ailleurs, plusieurs comédies. Elle mourut le 30 octobre 1859.

2. Cité par AUDEBRAND, p. 315.

Au vaudevilliste Carpier, le 25 janvier 1854 :

MON CHER CARPIER,

Vous devez bien penser que je suis malade puisqu'on ne me voit plus nulle part. J'ai en effet un rhumatisme aigu au pied droit qui me force à rester couché depuis huit jours. Mes douleurs sont cruelles et je les dois uniquement à Mme de B... qui m'a fait saisir mobilièrement et immobilièrement. C'est une manière de commencer l'année qui sent un peu trop M. Loyal, mais Mlle Doze se souvient de la Comédie-Française! Elle m'a fait tenir au froid et à la pluie trois jours durant, sous les fenêtres de son homme d'affaires, un boîteux nommé Guillemin qui m'a légué vite son infirmité.

Je vous assure que je suis mortellement triste ! (1).

Cette tristesse n'a rien de joué, et elle tient à des causes plus graves que des ennuis d'argent. Un jugement impitoyable l'avait séparé brutalement de ses enfants. Ce fut le coup le plus rude, car cet incorrigible viveur, cet époux médiocre était le plus tendre des pères, comme il avait été le meilleur des fils. Il faut lire, dans son recueil *Colombes et couleuvres* (2), la série des pièces adressées à ses enfants. La forme en est un peu lâche, — c'est son défaut ordinaire, — mais on y sent, avec une sincérité poignante, cette profonde douleur :

Chers enfants, quand vers vous revole ma pensée,
Je trouve, autour de moi, la nature glacée...

1 Inédit.

2. Paris, Librairie nouvelle, 1861, in-18. — L'année suivante, un dernier livre de vers, *les Meilleurs fruits de mon panier*, Paris, Michel Lévy, 1862, in-18.

Hélas ! Puisque de moi l'on veut, arrêt barbare !
Qu'un asile étranger pour jamais vous sépare,
Puisque des bras d'un père on vous a tous proscrits,
C'est à vous que je pense, enfants, et que j'écris !
Un jour, vous apprendrez quelle lutte obstinée
J'aurai subi pour vous et votre destinée,
Par quels déchirements aura passé mon cœur !
Qu'importe que le ciel soit noir, le vent moqueur ?...
Il faut que des pervers le destin s'accomplisse,
Que vous alliez, sans moi, vers le mal ou le bien,
Qu'à vous, qui m'êtes tout, je ne vous sois plus rien,
Que je vienne chercher vos baisers, le front sombre,
Comme un larron furtif qui va, glissant dans l'ombre,
Emportant avec moi votre cher souvenir,
Inquiet du présent, douteux de l'avenir,
Et demandant à Dieu quel crime ici j'expie
Pour subir si longtemps cette torture impie !...

Cinq ans plus tard, à son ami H. de Saint-Georges (21 août 1859) :

Tu sais combien je suis à plaindre et tourmenté. On me perce de tant de flèches !...

Le 18 dernier, on m'a refusé l'accès de sa prison et je ne puis plus même savoir ce qui s'y passe. C'est une énormité digne des plus mauvais jours, il faut que cette misérable femme qui torture ainsi une enfant de treize ans soit rudement appuyée pour n'être pas même arrêtée !... [1].

Son enfant préférée, sa petite Eugénie allait mourir dans cette *prison*, dans ce couvent où l'on avait cru la sauver de l'influence de son père.

---

1. Inédit.

Roger de Beauvoir avait repris sa vie, sa vie d'autrefois. Il luttait encore, ne voulant pas s'avouer vaincu; il restait l'improvisateur brillant, l'intrépide *soupeur*. Ses amis recevaient toujours de ces billets illustrés de dessins et d'aquarelles d'une joyeuse fantaisie. Mais le cœur n'y était plus. Ses dernières années furent empoisonnées de perpétuelles et intolérables tortures physiques. Vainement on avait voulu lui imposer un régime rigoureux, les vieilles habitudes étaient les plus fortes et d'ailleurs il était trop tard. « Il y a plus de deux ans, écrivait Léon Gatayes, que le pauvre Roger n'est sorti de son fauteuil, et cela ni jour, ni nuit; il ne peut se coucher sans étouffer; d'autre part, s'il n'étouffait pas, il ne pourrait supporter le contact des draps sur les plaies de ses jambes, et cependant sa santé n'est pas trop altérée de cette affreuse position; sa gaîté est la même, lorsque la goutte lui accorde un peu de trêve (1)... » On connaît les vers mélancoliques, qui seraient, à en croire la comtesse Dash (2), son testament de poète :

J'eus un ami pendant vingt ans,
C'était la fleur de mon printemps,
Tout cédait à son gai délire,
Le plus morose le fêtait;
Comme il buvait ! Comme il chantait !
Cet ami s'appelait le Rire...

1. A. Karr, *le Livre de bord*, t. II, p. 99.

2. *Mémoires des autres*, t. V, p. 131. — Voy. *les Meilleurs fruits de mon panier*, p. 177.

Hélas ! Hélas ! il est parti.
A ses serments, il a menti :
Je demeure seul en ma chambre;
La neige tinte à mes carreaux,
Je me chauffe avec mes journaux,
C'était avril... je suis décembre...

Car ils m'ont tout pris, les méchants,
Ma gaîté, ma verve et mes chants;
Autour de moi, monte le lierre,
Le lierre qui festonnera
L'humble tombe où l'on me mettra,
Sans regret comme sans prière...

Antérieures de quelques années peut-être, mais d'un sentiment analogue, ces strophes que je crois inédites :

Février 1859.

A mon ami H. de Saint-Georges (1)
sur son dîner prochain de samedi
19 courant.

J'accepte, cher ami, je te réponds en vers !
Les miens ne valent pas ton épître charmante.
Pardonne à tes amis qu'assiègent les revers...
Mon luth est en deuil, le tien chante !

Il chante et tout Paris obéit à ta voix,
On t'adore, on te porte en triomphe, on t'envie !
Pendant qu'au dur calvaire, ils me mettent en croix,
Tout est fleur et myrthe en ta vie !...

1. Henri de Saint-Georges, l'ami de Gérard de Nerval. Auteur dramatique intarissable et dandy raffiné. Une caricature de Roger de Beauvoir le représentait, à Dieppe, jetant un flacon d'eau de Cologne dans la mer avant de prendre son bain. Voy. comtesse DASH, *Memoires des autres*, t. VI, p. 54.

Qu'est devenu le temps où nous courions tous deux
De si galants périls pour la belle Marquise,
Où le blond Champagnac nous rappelait Saint-Preux
Et Théodorine Héloïse?

Où Wailly, barbouillé d'un makouba galant
Puisait des mots au fond de cette tabatière
Qu'il prétendait tenir de l'abbé Latteignant,
Comme sa canne de Voltaire?

Où Blaze et Meyerbeer montaient tous deux chez toi,
L'un en Werther fluet, l'autre en juif qui trébuche,
Où Gertrude à genoux te servait comme un roi,
Où Monpou tisonnait ta bûche?

Où souvent Gabrielle, ardente à se venger,
T'allait trouver pour mettre en paix notre ménage,
Noircissant de vingt traits affreux son cher Roger,
Près de toi qui calmais l'orage?

Où d'O'Guerty la table, à six heures du soir,
Des perdreaux de huit jours avait le privilège,
Près des pâtés douteux et des vins teints en noir
Comme l'*abondance* au collège (1)?

Où de ce brave Antier sonnait le violon,
Vrai bouquet d'artifice aux vives étincelles,
Où Brady lutinait la belle Du Vallon,
La plus belle entre les plus belles?

---

1. Les O'Héguerty, vieille famille irlandaise venue en France avec le roi Jacques II, et à peu près ruinée. Après 1830, la comtesse Louisa, chanoinesse de l'ordre de Sainte-Thérèse-de-Bavière, avait exploité pour vivre un cabinet de lecture sur le boulevard, en face de la rue de Lancry. Elle nstalla aussi une sorte de table de famille où elle nourrissait un certain nombre de personnes amies ou présentées par des amis. On y dînait — modestement, semble-t-il, pour cinquante sous.

Hélas ! Tous ces plaisirs, qui les a remplacés?
Vingt-cinq journaux mort-nés, des duels à la Bourse,
Des musiciens fourbus et des ténors glacés !
Les Trois Nicolas pour ressource !

Alerte donc ! A toi, le pampre en main, je veux
Souhaiter samedi longs jours et longue ivresse.
Je serai jeune, va ! Car je puise en tes yeux,
Ami, ma seconde jeunesse !

Mais il ne pouvait plus vivre que de souvenirs. Il mourut le 27 avril 1866.

QUELQUES LETTRES DE MARCELINE DESBORDES-VALMORE

2ème Rendez-vous d'Olivier

Olivier ! je t'attends. déjà l'heure est sonnée ;
je viens de tressaillir comme au bruit de tes pas ;
le soleil qui s'éteint va clore la journée :
ici j'attends l'amour, et l'amour ne vient pas !

le berger lentement regagne sa demeure.
tout est triste au vallon : olivier n'est pas là.
de notre rendez-vous lui-même a fixé l'heure ;
je n'avais rien promis, et pourtant, me voilà !

adieu, mon olivier ; je m'en vais au village.
pour toi, je l'ai quitté : j'y retourne sans toi.
demain, pour t'excuser tu viendras au bocage ;
j'y laisse mon bouquet : il parlera pour moi !

Vers autographes de Marceline DESBORDES-VALMORE.

Quelques lettres de Marceline Desbordes-Valmore

Barbey d'Aurevilly a parlé sans indulgence des femmes écrivains : « Les femmes qui écrivent ne sont plus des femmes. Ce sont des hommes, du moins de prétention, — et manqués... Vous entendez, Mesdames? Quand on a osé se faire amazone, on ne doit pas craindre les massacres sur le Thermodon. » Et de fait, de Mme de Staël à Mme Henry Gréville, il en épargne peu. Mais Marceline Desbordes ne figure pas dans cette galerie des *Bas bleus*. Sa place est au rang des *Poètes*.

C'est qu'elle n'a rien de « ces monstres qu'on appelle femmes de lettres ». Elle est restée femme avant tout, délicate et passionnée, d'une sensibilité toujours frémissante, d'une bonté incorrigible, malgré les déceptions, la misère ou les soucis du métier. Mais cette sensibilité n'est pas la sensiblerie niaise de ces muses geignardes que nous valurent les premières années du romantisme. Même dans ses recueils de 1819 et 1820, elle apporte autre chose qu'Hortense Céré-Barbé ou Adelaïde-Gillette Dufrénoy.

Personne aussi n'est plus éloigné du cabotinage de Delphine Gay. Elle n'est pas faite pour parader dans un cercle d'admirateurs, pour réciter des vers dans les salons, les yeux au ciel, une écharpe vaporeuse drapée sur les épaules. Elle écrit pour elle-même, pour dire ses angoisses ou ses rêves, et c'est de son âme que vivent ses vers. A ne pas regarder plus loin, son art est médiocre et banal. Des négligences, de l'à peu près, des élégances vulgaires, une forme molle le plus souvent, des incorrections même... Mais, par instants aussi, des illuminations soudaines, des cris jaillis du plus profond du cœur et qui éveillent en nous des échos vibrants. « C'est, quand elle est poète, écrit encore Barbey, la poésie du Cri que Mme Desbordes-Valmore. Or, le Cri, c'est tout ce qu'il y a de plus intime, de plus saignant du coup et de plus jaillissant des sources de l'âme... (1)»

Et cette femme passionnée, qui toujours souffrira de ses chers souvenirs, est encore une petite bourgeoise

---

1. BARBEY D'AUREVILLY, *Les Poètes*, Paris, Amyot, 1862. — Voy. SAINTE-BEUVE, *Mme Desbordes-Valmore*, Paris, Michel Lévy, 1870. — A. POUGIN, *La Jeunesse de Mme Desbordes-Valmore*, Paris, Calmann-Lévy, 1898. — J. LEMAÎTRE, *Les Contemporains*, 7e série, Paris, Lecène et Oudin, 1899. — LECIGNE, *Mme Desbordes-Valmore*, Paris, Sueur-Charruey, 1905. — L. DESCAVES, *La Vie douloureuse de Marceline Desbordes-Valmore*, Paris, Nilson, 1910. — L. DESCAVES, *La Vie amoureuse de Marceline Desbordes-Valmore*, Paris, Flammarion, 1925. — Jacques BOULENGER, *Marceline Desbordes-Valmore*, Paris, A. Fayard, 1909; édition définitive, Paris, Plon, 1926. — Jacques BOULENGER, *Ondine Valmore*, Paris, Dorbon, 1909.

vaillante et paisible. En un temps et dans un milieu où les simples vertus familiales ne sont guère à la mode, sa correspondance nous la révèle préoccupée surtout de son ménage, de ses enfants et de son mari, attelée à une épuisante besogne, toujours inquiète du lendemain et jamais lassée de l'effort.

Une grande partie de cette correspondance a été publiée déjà (1). Voici quelques lettres encore. Elles sont adressées à G. Charpentier, qui, à l'âge de vingt-huit ans, faisait, en 1833, ses débuts d'éditeur.

C'est là, dans la vie du ménage Valmore, une période assez critique. Depuis leur union en 1817, tous deux avaient mené l'existence un peu cahotée des comédiens de second ordre. Quoiqu'elle eût elle-même renoncé à la scène, Marceline devait suivre son mari, excellent homme, d'un talent honnête, mais incapable de s'imposer et d'obtenir ce qui eût été son rêve : un engagement sérieux dans un théâtre de Paris. Et ils couraient les grandes villes de province, avec cet espoir tenace : peut-être, un jour, la Comédie-Française...

En avril 1832, Valmore avait signé à Rouen, comme premier rôle, aux appointements de 6.000 francs. Sa femme l'avait rejoint, — presque malgré lui, car le choléra exerçait ses ravages jusqu'en Normandie.

---

1. *Correspondance intime.* Publ. par B. Rivière, Paris, Lemerre, 1896. — *Lettres à Prosper Valmore.* Publ. par Boyer d'Agen, Paris, La Sirène, 1924..... — Les lettres ci-dessous, sauf indication contraire, sont inédites.

L'année s'écoula sans accrocs. Au répertoire, le *Louis XI* de Casimir Delavigne, la *Clotilde* de Frédéric Soulié, *Lucrèce Borgia, Térésa, la Tour de Nesle* (1)... Mais en avril 1833, quand le tableau de la troupe fut de nouveau soumis à l'agrément du public, le comédien rencontra une opposition violente. La bataille romantique avait été, de bonne heure, particulièrement vive à Rouen, et le théâtre des Arts avait connu des soirées orageuses (2). Or Valmore était surtout un tragédien; les partisans du drame se dressèrent contre lui et il fut obligé de quitter la place.

Mon mari, écrit Mme Desbordes le 11 mai, est l'innocente victime d'une querelle tumultueuse des romantiques et des classiques de Rouen. Il a créé ce dernier genre avec des succès brillants. C'est un crime de l'époque. On nous renvoie, mais avec une fureur qui ressemble à un vertige. C'est l'idole brisée (3).

« C'était à mourir de peur », dit-elle encore (4)... Le soir même, elle rentrait à Paris. Des amis intervenaient vainement auprès du baron Taylor. La Comédie-

1. La jeune première était Mlle Nadège Fusil, charmante artiste qu'enleva, en août 1832, une maladie de poitrine. Mme Desbordes lui a consacré une pièce de vers (*les Pleurs*, p. 177). — Des vers lui ont été inspirés aussi la même année par des concerts de Paganini (*ibid.*, p. 273).

2. La première d'*Antony*, en décembre 1831, et surtout de *Richard d'Arlington*, en février 1832.

3. Lettre publ. par M. A. Pougin, *La Jeunesse de Mme Desbordes-Valmore*, p. 194.

4. Lettre publ. par M. L. Descaves, *La Vie douloureuse de Marceline Desbordes-Valmore*, p. 160.

Française refusant de s'ouvrir à lui, Valmore se contenta provisoirement d'un modeste emploi à la Porte-Saint-Martin, puis, à la fin de l'année, regagna Lyon, où il avait déjà, dans plusieurs campagnes, obtenu des succès.

Ces intervalles entre deux engagements sont toujours des moments de grand souci. Un nouvel emploi à trouver, un déménagement à faire et, en attendant, les difficultés de la vie journalière. Marceline est alors seule à subvenir aux besoins de tous. Il faut la voir soutenir son mari, solliciter des amis puissants, multiplier les démarches auprès des directeurs, proposer des réimpressions ou mettre sur pied des ouvrages nouveaux.

Dans le cours de 1833, Charpentier lui a édité plusieurs volumes : un livre de vers, *les Pleurs*, avec préface de Dumas, — un roman, *Une raillerie de l'amour*, peinture alerte de la société impériale, — *l'Atelier d'un peintre, scènes de la vie privée*, et elle a encore d'autres projets en réserve. De Paris, le 5 septembre 1833 :

Il faut que vous soyez assez bon, cher Monsieur, pour venir causer avec nous. Vous connaissez la gravité de notre position et je sais l'intérêt que vous y prenez. Me laisserez-vous, sans en être blessé contre moi, disposer de la vente du *Droit d'Aînesse?* et aussi des trois nouvelles des *Veillées des Antilles* (1)? Un

1. Le catalogue Charpentier (1833) annonce la prochaine publication de *Isolier ou le droit d'ainesse*, 2 vol., et *Trois jeunes filles, Veillées des Antilles*, 1 vol. — Deux volumes de *Veillées des Antilles* avaient déjà paru en 1821.

libraire que je vous dois de connaître désire les acheter et demande une très prompte réponse. Je ne veux rien conclure sans votre renonciation à ces ouvrages. Bien que vous ne m'ayez liée par aucun écrit, vous me connaissez : je ne me regarderai libre que si vous me dites vous-même : « Vous pouvez vendre... » Vous avez plongé vous-même au fond de nos malheurs. Ce n'est pas un petit secours qui peut les combler. Ainsi, secondez-moi, car je suis découragée de l'avenir autant que du présent si lugubre. Répondez-moi ou venez...

A Lyon, où elle avait suivi son mari, de nouvelles angoisses l'attendaient. Elle avait connu l'émeute populaire des 21 et 22 novembre 1831. Les journées d'avril 1834 firent renaître, avec plus de violence, ces scènes de désordre, impitoyablement réprimées.

Toutes les horreurs de la guerre civile, écrit-elle à Mme Branchu, ont désolé Lyon pendant six jours et demi et six nuits d'épouvantables terreurs. Le canon, les balles, le tocsin permanent, l'incendie partout, les maisons écroulées avec leurs infortunés habitants consumés sans secours dans les flammes et la triste tentation de regarder aux fenêtres punie de mort... Le danger était partout, la fuite presque impossible. Nous nous sommes retrouvés tout étonnés ou presque tristes d'être vivants au milieu de tant de victimes... [1].

Après ces secousses, une ville écrasée sous la terreur, le théâtre vide, le directeur en faillite, les appointements de Valmore qui ne peuvent être payés, toujours la misère menaçante... Mais elle ne se révolte pas. Pour le malheureux qui les ruine involontairement,

1. A. Pougin, *liv. cit.*, p. 198.

elle n'a que des paroles de pitié. Ses tristesses personnelles ne l'empêchent pas de prendre part aux inquiétudes de ses amis.

23 août 1834. — Nous vous remercions de votre bon souvenir, cher Monsieur Charpentier, et j'avais déjà pris part à vos chagrins, car les journaux nous les ont dits. Je suis d'autant plus triste de ces tracasseries onéreuses pour votre avenir que M. Dumas s'y trouve mêlé et qu'il souffre aussi de tout cela. Il m'a été si bon que je lui voudrais un sort tout d'une pièce, heureux d'un bout jusqu'à l'autre. De votre côté, vous étiez si ardemment son ami que ces plaidoiries ont dû vous tourmenter doublement. Nous avons suivi ce procès avec beaucoup d'anxiété et sa conclusion nous a fait mal.

Je n'ai pas du tout envie de rien nouer avec M. Dumont, je vous l'ai déjà dit et je vous le redis. Si vous voulez vous charger du volume de traductions dont je vous ai parlé à Paris, dites-le-moi et prenez acte que je vous en parle en premier. Je vous dois cette déférence, parce que je crois que vous avez un peu d'amitié pour moi. S'il ne vous convient pas de l'imprimer, placez-le avec le plus d'avantage possible, je vous en aurai de l'obligation et vous le placerez sûrement mieux que je ne ferais. Je suis à le recopier au net. Je crois qu'il sera joli, mais il faudrait au moins une belle gravure, ce serait bien pour le jour de l'an. Il y aura huit sujets : *le Contrebandier*, — *le Baiser du Roi*, — *les Deux Eglises*, — *un Conscrit*, — *les Trois Numéros*, — *la Juive*, — *la Servante*, — *le Chien noir*. Si c'est trop, on retrancherait une ou deux nouvelles... Nous sommes dans toutes les horreurs d'une faillite théâtrale où nous perdons d'autant plus qu'on nous a retenu le quart de chaque mois depuis le sanglant avril. Le pauvre directeur s'est aventuré dans de grandes spéculations qui l'entraînent avec nous dans l'abîme. Ces sortes de défections sont si tristes que je n'ai pas un moment de ressentiment contre ceux qui nous ruinent.

Je les plains comme moi-même. Le feraient-ils, s'ils pouvaient autrement...? Si vous avez le temps, veillez un peu avec votre cœur sur mes intérêts, car notre position est menaçante. Peut-être, pourtant, n'est-ce qu'une fausse crainte. Je suis bien lasse de trembler. Soyez plus heureux que nous. Je vous assure que ce serait une grande douceur pour moi de vous savoir heureux autant que nous vous aimons.

5 octobre. — ... Le Grand-Théâtre est toujours fermé, le commerce malade, les prisons pleines et la force armée partout !...

22 octobre. — Gardez-vous de m'envoyer de l'argent, bon Monsieur Charpentier, car à l'examen des manuscrits à transcrire, à l'état de ma santé et au peu de temps que me laissent les soins de tous mes enfants réunis autour de moi, je ne peux maintenant prévoir quand je pourrai terminer mon travail interrompu par tant de causes réunies et surtout par la fièvre nerveuse qui ne m'a pas quittée un jour. Ne hasardez donc pas pour moi ce qu'il y a de si rare en ce monde, de l'argent, et attendez que je vous envoie, sans étouffement d'un travail impossible, le volume de traductions dont je vous ai parlé. Mille grâces, d'ailleurs, de votre bonne volonté. Je sais que vous m'aimez et je vous le rends bien, car vous avez été excellent dans mes graves chagrins. J'entends vos raisons sur M. Dumont et je ne nouerai nulle affaire avec lui. Je ne le comprends pas assez... Voilà donc M. Dumas dans l'horreur des duels (1)? Que cette vie agitée me fait de peine, quel bel avenir toutes ces scènes orageuses dévorent. Il est écrit que toutes nos chères gloires pâliront dans l'espèce de choléra qui enfièvre la France !... Nous sommes toujours dans l'anxiété sur le sort du théâtre de Lyon. Trois ou quatre directeurs se le disputent. Il demeure fermé pourtant et tous les artistes découragés sont plongés dans une misère que l'approche de

1. Duel Dumas-Gaillardet, 17 octobre 1834.

l'hiver rend plus insupportable. On dit que le conseil municipal retarde le plus possible pour ne pas donner la subvention accordée au directeur, quand il y en a un; et qu'à cette cause se mêle une irritation entre le maire et le préfet. Le résultat est pour nous du malheur tout pur...

Février 1835. — Vous aurez la bonté de me répondre courrier par courrier, cher Monsieur Charpentier, car voici plusieurs jours que j'ai reçu de M. Dumont de nouvelles et pressantes demandes pour *lui traduire* un volume de scènes anglaises. Il m'en offre sept cents, mais je veux mille francs de celui que j'ai *terminé* et auquel vous savez que je travaille depuis un an, mais qui n'a rien de commun avec les *livres* que M. Dumont vient de m'envoyer pour y puiser le volume qu'il souhaite. Avant tout, et je vous l'ai dit, ce ne sera qu'après en avoir causé avec vous et sur votre refus que je vendrai sans scrupule mon travail terminé. Il m'a coûté beaucoup de peine et j'aurai du mal à me décider à de nouvelles traductions ; c'est plus long pour moi que de composer et tous mes autres petits travaux ont été abandonnés. Le voulez-vous? Le pouvez-vous? car je ne peux vous cacher que j'ai un besoin pressant d'argent pour combler le passé qui a tant pris sur notre avenir. Mais avant tout, ma parole. Je ne vendrai rien sans votre refus d'acheter. J'attends courrier par courrier, car je suis déjà en retard. Ines a eu la rougeole. C'est presque vous dire : *j'ai eu la rougeole*.. (1).

11 mars. — Je n'ai pu vous répondre, bon Monsieur Charpentier, c'est une vie troublée que celle de Lyon. Tout la brise,

1. Sur la lettre, cette note manuscrite de Charpentier : « Répondu le 22 février 1835 que j'acceptais son livre pour 750 francs, mais pas plus... Ou bien je lui offre le publier le livre pour son compte, d'en faire tous les frais, de lui laisser tous les bénéfices, de prélever seulement, après l'intérêt légal de mon argent, 15 % sur les ventes pour ma commission. »

le climat et les troubles du peuple, les prisons, la misère, l'attente du choléra. Je n'ai pu travailler pour finir le volume. J'ai, je vous l'ai dit, encore deux nouvelles à transcrire, mais où en trouver la force contre une fièvre obstinée ? Ce sera quand Dieu voudra. Vous aurez ce volume au prix de sept cent cinquante francs que vous m'offrez, quand il sera entièrement terminé. Je ne peux, dans ma conscience, vous promettre d'en entreprendre un second, ce travail m'affadit jusqu'aux larmes. C'est trois fois plus fatigant que des vers ou *sa prose à soi*. Je vous dirai toujours ce que je ferai, n'engageant rien à d autres que *sur votre refus*. Je vais envoyer le mien à M. Dumont, qui doit me trouver impolie. Je n'ai été que mourante et toujours sincère. C'est avec ce sentiment que j'ai pris une vive part à vos peines. Oui, vous en avez eu qui m'ont beaucoup affligée, soyez-en sûr. Vous n'avez pas la sécheresse de tous ceux qui m'ont blessée en ce monde, et il n'y a pas de bien que je ne vous souhaite pour celui que vous auriez voulu me faire...

La mort de Mlle Mercœur (1) m'a fait tout le mal que vous pouvez penser. On a trompé cette chère fille par de grossières flatteries qui lui ont coûté la vie, car vous savez si une femme peut vivre de sa plume. Les déceptions déchirantes qui l'attendaient à Paris avec une ambition ardente et une santé frêle ont brisé son talent et son existence. Je l'ai pleurée sincèrement et amèrement, car je l'ai vue déjà beaucoup souffrir une fois chez M. Alibert, sans pouvoir lui prouver que mon intérêt silencieux était réel et profond. Elle est bien maintenant ! Oui, tous ceux qui sont à cette place sont bien ! Mais c'est sombre et triste de les y voir par une telle cause ! Je vous remercie d'avoir été aussi très bon pour elle. Il vaut mieux perdre un peu d'argent et n'avoir pas un froid repentir de dureté. Nous ne serons pas toujours dans cette vie de vanité et de calcul ; tout ce que vous aurez *donné* vous sera rendu.

1. 7 janvier 1835.

Cette jeune fille aura du bien à dire de vous et vous paie déjà peut-être d'où elle peut se rappeler *sans fièvre* le triste monde où elle a passé...

3 avril. — ... Ce qui m'indigne le plus, c'est qu'il faut toujours recommencer des petits détails d'affaires et que j'ai d'affreuses palpitations de cœur. Lyon, la guerre civile et les faillites ont fini de me tuer; Valmore n'a pas le temps de respirer, jouant le drame tous les jours ; voilà mes excuses. Ecoutez bien le reste. Je vous enverrai par quelque ami *sûr* le manuscrit d'imitations anglaises. Je transcris la septième nouvelle qui doit composer le volume : il en faut, je crois, au moins huit, d'après mon calcul. Je vous demandais de me redire exactement ce qu'il fallait de pages bien remplies (papier écolier) pour le volume dont vous connaissez mieux que moi le format. Il faut m'écrire cela, je vous prie, *par la poste*. Je sors d'une maladie fort rapide, mais écrasante pour écrire. Voilà ce qui cause toutes ces lenteurs; c'est qu'il me faudrait la campagne, de l'exercice, le grand air, et qu'il faut que j'expire dans une rue sombre de ce marais pavé qui s'appelle Lyon. Demandez à M. Dumas ce qu'il en pense ! Il marchait en l'air, lui, et par bonds indignés. Enfin, quand le manuscrit sera complet, vous le recevrez. Je voudrais bien que vous fissiez faire une gravure pour *Sally Sadlins*, la servante anglaise, le tout à votre volonté, car les petites douceurs de ce monde, je les attends dans l'autre...

En juin, le volume de nouvelles anglaises était achevé. Mais Charpentier ne partageait pas l'impatience de l'auteur et il parut seulement l'année suivante, sous le titre : *Le Salon de lady Betty*. Ces retards étaient pénibles à Mme Desbordes; sa correspondance marque un peu d'amertume :

10 juin, 1835, Lyon. — Comment, mon bon Monsieur Char-

pentier, ne m'écrivez-vous pas ! Que Paris est terrible pour les absents ! Je vous ai écrit, j'ai envoyé le manuscrit terminé à M. Victor Herbin pour qu'il s'en arrangeât de suite avec vous, selon qu'il était convenu, et puis je n'entends plus rien du manuscrit, de vous, ni d'Herbin. Tenez, c'est affreux. Avec cela, un coup de soleil qui me retient au lit avec une fièvre aiguë, c'est complet. Pourtant, je ne laisserai pas aller cette occasion sans vous écrire encore. Seriez-vous malade? Non, j'espère. Vous n'en avez pas le temps, vous ! Si vous étiez empêché d'imprimer ce volume, dites-le moi, vous savez que je ne serai jamais fâchée contre vous. Nous tâcherons d'en faire quelque chose. Peut-être qu'une des nouvelles qui le composent entrerait au *Musée des Familles*, pour lequel M. Henry Berthoud m'a demandé un article. Mais j'ai besoin de savoir vos résolutions...

19 juillet. — En arrivant de Grenoble où m'avaient appelée les intérêts de mon fils, dont je voulais revoir l'école et les maîtres, je trouve une lettre de vous, une autre de M. Henry Berthoud qui me dit ne pouvoir obtenir une des sept nouvelles qui sont entre vos mains et que je l'avais autorisé à vous demander, *si vous consentiez à la laisser imprimer au Musée des Familles.* Vous me dites précisément que vous renoncerez au *Conscrit de* 1812 ou *Conscrit de Vire*, quand même vous imprimeriez les autres; qui donc alors vous retient d'envoyer cette nouvelle à M. Berthoud, puisque vous avez la conviction que ce serait dans mon intérêt, car il me payerait cette impression s'il la prenait pour son journal ! Vous me faites bien de la peine, cher Monsieur Charpentier, il faut que vous soyez bien surchargé d'affaires pour oublier à ce point celles, à la vérité bien humbles, qui me concernent; mais cette dernière, c'était plutôt à titre d'amitié qu'elle s'était engagée, vous le savez, et je vous avais laissé une entière liberté de ne pas l'entreprendre, ayant M. Dumont qui me priait beaucoup pour cette bagatelle. Vous n'ignorez pas davantage que le prix de

ce volume est destiné d'avance à l'acquit d'une dette qui m'ôte le sommeil et que nos pertes de l'an passé ne m'ont pas permis d'acquitter encore. J'ai *juré*, d'après l'engagement pris avec vous, et je ne me console pas de manquer à ma parole... Écoutez, mon bon Monsieur Charpentier : vous savez que je ne vaux et que je ne comprends rien à gronder et que je me considère en ce monde comme trop peu de chose pour faire de l'importance ; mais, pauvre comme je suis, avec tant de famille et de voyages, tout est d'une grande valeur pour moi, avec une santé qui me permet à peine d'écrire... Je paie maintenant la pension de mon fils, parce que son maître est remarié et qu'il a déjà un enfant. Je ne peux donc plus rien accepter de lui. Jugez de tout l'argent qu'il nous faut ! C'est bien sacré, je vous jure, et je suis sûre que vous me comprendrez...

19 novembre. — Eh bien ! Monsieur Charpentier, j'attends. Je vous sauve un port de lettre pour vous remercier du volume plein de grâce de M. Fontaney, mais vous comprenez bien d'avance que ses traductions vont tuer les miennes. Où avez-vous rêvé une telle perfidie contre moi ? Et puis, que deviennent toutes ces nouvelles éparpillées ?... Mon Dieu ! comme vous êtes pour les provinciaux !...

Il s'agit des *Scènes de la vie castillane et andalouse*, publiées par A. Fontaney sous le pseudonyme de lord Feeling, et l'on ne voit pas, à vrai dire, en quoi elles peuvent nuire au succès des scènes anglaises de Mme Desbordes. Ce n'est de sa part qu'un accès de mauvaise humeur, — vite apaisé. Il suffira qu'elle sache son ami malheureux pour oublier tout. En décembre 1835, après l'incendie de la rue du Pot-de-Fer, où Charpentier avait perdu plusieurs milliers de volumes :

22 décembre, Lyon. — Je n'ai pas besoin de vous dire, bon Monsieur Charpentier, que vous savoir malheureux est une chose qui aggrave mes peines, mais j'ai besoin de vous le prouver autant qu'il est en mon faible pouvoir. Je prie Dieu qu'il fasse le reste et répare le coup qui vient de vous frapper; j'en suis navrée et Valmore est fort triste. Si nous avions autre chose que les dettes de notre ancien directeur à payer sur notre travail, je vous enverrais de l'argent. Cette joie m'étant refusée, je vous envoie par cette lettre la quittance des derniers trois cents francs que mon mari avait acceptés pour les Nouvelles anglaises. N'ayez pas du moins cette préoccupation au milieu des inquiétudes qui doivent attrister votre esprit, pour vous et vos infortunés confrères. Vous ne me devez donc plus rien. Puissent vos autres amis être moins arrêtés que moi dans l'élan du tendre intérêt qu'une si grave épreuve attire sur vous...

Le jeune éditeur fut profondément touché de cette offre naïve et généreuse. « Inutile de dire, a-t-il écrit au dos de la lettre, que je refusai les 300 francs de cette admirable femme... » Le 19 janvier 1836, elle se plaint amicalement de ce refus :

Vous avez été avec moi plus fier que la colombe avec la fourmi, et vous m'avez ôté une joie, car c'était bien de toute mon âme que j'essayais de vous consoler un peu. Puissiez-vous toutefois n'avoir jamais l'occasion *grave* de vous ressouvenir que je serai toujours dans la même disposition de cœur et soyez heureux autant que je n'ai jamais cessé de le désirer...

Toutes ses lettres témoignent de la même sensibilité délicate. Quelques jours plus tard, sur le Dr Alibert :

Bon Monsieur Charpentier, M. Alibert m'écrit : « Ne me

dédierez-vous rien avant que je meure ? » Cela m'a fait pleurer, car il a aimé beaucoup et un peu secouru mon oncle. Je n'ai rien que ce petit volume et je le lui offre, au nom de tous les malheureux que je lui ai jetés dans les bras et qu'il a recueillis à mes prières dans son hôpital Saint-Louis. Je lui en ai porté de tous les rangs, de tous les âges et de tous les partis ; vous savez comme j'ai du courage, quand je ne demande rien pour moi. Il ne m'a jamais refusé un pauvre et je n'ai rien que ce livre pour l'en remercier. Vous arrangerez cela avec lui et vous me direz s'il est temps de faire précéder le titre par cette page que je vous enverrai alors de suite...

Et à propos d'une maladie de sa plus jeune fille, cette simple phrase émouvante (12 mai 1836) :

Ma chère petite Inès, mon cher et dernier enfant, a lutté trois semaines contre la plus grave maladie ; nuit et jour, je l'ai regardée *à en perdre la vue*... Je suis convalescente comme elle...

Le calme à peu près rétabli, Valmore avait repris son métier, sans grand enthousiasme. Un moment, en 1836, les velléités directoriales d'Hugo et Dumas le remplirent d'espoir. Ce théâtre des poètes qu'ils voulaient créer pouvait accueillir son talent. Mais les choses traînèrent en longueur : il fallait établir la charte de cette entreprise, choisir un terrain et construire ou remettre en état une salle ancienne..... La Renaissance ne devait ouvrir ses portes que le 30 août 1838.

A Lyon, cependant, la tragédie avait disparu du répertoire. La poésie cédait peu à peu la place aux grands opéras de Meyerbeer ; les comédiens s'effaçaient devant les chanteurs richement payés. A plusieurs reprises, la direction du théâtre fut offerte à Valmore. Il n'osa pas accepter. « Cette responsabilité d'argent effarouchait sa probité » et il préféra rester « humble comédien » (janvier 1836). C'était, au moins, la tranquillité encore — pour quelque temps. « Nous avons l'espoir d'une année solide au théâtre, écrivait Marceline, cela paraît sûr jusqu'en mai 1837 » (12 mai 1836).

Elle se trompait seulement de quelques semaines. En avril, l'engagement de Valmore ne fut pas renouvelé. Après un bref séjour à l'Odéon, où Dumas l'avait fait entrer comme administrateur, il signa pour une tournée en Italie. Ses amis avaient essayé en vain de le décourager de cette aventure qu'une faillite — encore ! — interrompit brusquement. L'impresario l'abandonna avec sa femme et ses deux filles sur le pavé de Milan. On a conté les péripéties de ce voyage lamentable et le retour de Marceline par le Simplon et Genève.

De cette période, je ne connais aucune lettre inédite. Mais, une fois rentrée à Paris, elle a recours de nouveau à l'amitié de Charpentier :

16 mars 1840. — Rendez-moi bien des services, cher Monsieur Charpentier. Je vous en demande deux à la fois pour vous en faire reprendre l'habitude. Etes-vous content de ma mémoire ?

Chargez-vous de vendre un beau volume d'Aimé de Loy. Bien qu'imprimé à Lyon tout récemment, il est beau. Le poète est hors ligne, mort tout jeune et fatalement. M. de Sainte-

Beuve doit vous en parler et en parler lui-même publiquement. L'éditeur Boitel, de Lyon, demande si vous voulez vous charger de quelques volumes en dépôt, et, comme il ne connaît pas une âme (que la mienne, très solitaire à Paris, près de fuir encore vers Lyon), il désire que vous vous chargiez des annonces et demande ce qu'elles coûteraient, afin de vous rembourser cette avance. Il est sûr et cette publication est pour lui une œuvre de cœur, car il était l'ami d'Aimé de Loy, qui nous a tous rendus bien malheureux *en se tuant !*...

Aimé de Loy, encore une victime du romantisme. L'existence la plus aventureuse et la plus tourmentée. Docteur ès lettres et en droit, il semblait fait pourtant pour une vie régulière. Il était né en Franche-Comté ; il avait là-bas une famille, une femme, des enfants... Mais une sorte de fatalité lui faisait tout oublier. Il allait de ville en ville, frappant aux portes, troubadour attardé, bien accueilli parfois, chassé plus souvent. Il voyagea ainsi à travers la France, la Suisse, l'Allemagne, le Portugal, le Brésil, fantasque et enthousiaste, avec des élans de gaîté et de mornes découragements, passionné de poésie d'ailleurs — et vraiment poète. En 1827, un éditeur lyonnais avait publié de lui des *Préludes poétiques*. Mais il ne pouvait faire autre chose que préluder. Sa folie le reprit. Au lendemain de sa mort, quelques amis réunirent ses poésies éparses, *Feuilles au vent* (1).

---

1. Voici une lettre inédite d'Aimé de Loy à A. de Jussieu. On y retrouve l'écho de ses angoisses : « Je pars, je ne puis plus tenir à l'amer dégoût de tant de mécomptes. Aussitôt, c'est-à-dire huit jours après mon arrivée

La même lettre apporte encore une bonne nouvelle :

Vous savez, après cela, qu'un bonheur vient de tomber sur moi, comme du ciel. Après la pension que M. Dumas a eu le pouvoir de me faire rendre, on m'en donne encore une inattendue, pas méritée, je le sens ! Mais je crois que c'est Dieu qui l'envoie à ma chère famille. Je n'ai pas un seul exemplaire à offrir à M. Villemain, de vos *Pleurs* ou de *l'Atelier;* je le voudrais bien relié et je manque d'argent pour l'acheter. Pouvez-vous me les trouver pour les payer dans trois mois? Si ces exemplaires ne se trouvent pas reliés, en avez-vous d'autres de moi, tels que *Pauvres Fleurs, Violette* et les anciennes poésies?...

C'est Villemain, en effet, qui, en abandonnant le Ministère, avait porté cette pension de 300 à 1.200 francs. Ce n'était pas la fortune, mais c'était un peu de sécurité; d'autant plus que son mari, après un début orageux, avait été accepté par le public bruxellois. « Le présent n'est encore pour moi qu'une lutte grave, disait-elle, mais un côté du chemin s'aplanit » (28 mars).

Elle continuait d'ailleurs son labeur acharné. En 1839, le roman de *Violette;* en 1840, trois volumes de contes

---

à la Maison-Rouge, près Saint-Vit (Doubs), je vous ferai parvenir en un bon par la poste le montant de toutes vos obligeantes avances. Je garde un pantalon et une redingote à vous, plus 20 francs. Si le D. d'O. envoie quelque chose, vous le garderez, mais je n'y compte pas. Je vais, au moyen d'arrangements de famille, être à même de m'acquitter envers vous Ce sera mon premier soin, comme mon premier besoin. Je m'en veux de vous quitter ainsi, mais, en vérité, je n'ai pas la tête à moi. A. de L. » — Voy. un article de X. MARMIER, *Revue de Paris*, t. XV, 1835, et SAINTE-BEUVE, *Portraits contemporains.*

enfantins en prose et en vers; bientôt ses poésies allaient prendre place dans la nouvelle bibliothèque in-18 qui devait illustrer le nom de Charpentier : glorieuse consécration. C'est à la fin de 1841, après un voyage à Londres, où elle était allée chercher Ondine, qu'il fut sérieusement question de ce recueil; Sainte-Beuve, qui s'était chargé de la préface, y donna ses soins.

20 novembre 1841. — Si vous avez besoin de moi pour la publication projetée, me voilà de retour de Londres depuis deux jours; je serais descendue dans votre cher ménage, si je n'étais bien lasse du voyage et de ses dangers et des torrents d'eau qui tombent à Paris comme à Londres. J'en ramène, par la grâce de Dieu, ma chère Ondine en parfaite santé, ce qui fait que je suis votre heureuse et affectionnée...

7 février 1842, rue de Tournon, n° 8. — Nous sommes prêts et le volume choisi est à votre disposition. M. de Sainte-Beuve y a mis un soin dont je suis bien touchée. Je ne vous répèterai pas de quel secours est cette petite barque dans mon naufrage. Que la Providence m'acquitte envers vous ! Devenez bien riche pour vous récompenser de m'avoir rendue moins pauvre...

11 juillet 1842. — J'espérais vous revoir depuis mon retour de la Normandie et je voulais vous remercier du livre qui est bien joli. J'en ai témoigné aussi toute ma reconnaissance à M. de Sainte-Beuve, trop indulgent pour moi. Si vous êtes riche, dites-le moi, car je vous avouerai que je suis bien pauvre, et que personne que vous ne peut le savoir, pour m'en consoler.

Puis, le 30 juillet :

Ce n'est pas l'amour de l'argent qui me fait vous rappeler que je vous en ai demandé. Les nécessités m'environnent et cette seconde lettre vous l'atteste. Si vous ne pouvez terminer d'un coup ce qui nous lie d'intérêt, vous n'avez personne qui comprenne mieux que moi les points d'arrêt qui surviennent dans toutes les positions de ce triste monde. Agissez donc avec moi comme avec une sœur qui vous souhaite tendrement d'être moins pauvre qu'elle...

Ainsi, la gêne était revenue. D'année en année, désormais, il semble que la situation s'aggrave. Ses lettres deviennent plus brèves, comme haletantes, et parfois ce sont des appels presque désespérés :

5 novembre 1843. — Ne ferez-vous rien, bon Monsieur Charpentier, de l'*Atelier d'un Peintre?* Ce volume, bien corrigé, ne trouvera-t-il point de place dans votre collection? Si sa réimpression n'est pas onéreuse à vos intérêts, je vous en aurais une obligation infinie, elle me soutiendrait un peu dans mes devoirs de mère. Qui donc sait, comme vous, comment je les remplis? et qui, si ce n'est vous, m'y a aidée dans quelques moments difficiles de ma vie si grave. Aucun de ces moments-là pourtant n'a ressemblé à celui où je me trouve. Mon courage commence à chanceler et je vous écris avec une de ses dernières lueurs. Depuis dix mois, mon cher mari n'a pas touché un denier à l'Odéon (1). J'ai travaillé à mourir, et pour si peu ! Si *l'impossible* ne vous force pas à rejeter ma demande, prêtez-y l'attention de votre cœur. C'est le malheur réel qui me fait vous faire une demande peut-être ridicule, dans la presse où vous êtes de tant de bons livres à choisir. Si cela est, déchirez mon billet et ressouvenez-vous seulement que je n'ai pu l'écrire avec quelque confiance qu'à vous, parce que je suis déjà votre obligée.

1. Valmore était entré à l'Odéon en 1842.

15 avril 1845. — Cher Monsieur Charpentier, s'il ne vous gênait pas trop de faire une petite édition de l'*Atelier d'un Peintre*, j'en serais bien satisfaite. J'ai passé un hiver laborieux et stérile tout ensemble par la maladie grave de ma plus jeune fille, alitée six mois. Ce livre serait d'un peu de secours au présent. Qui sait si le hasard n'y serait pas favorable? Je ne l'espère pas, mais je vous le demande. J'ai si peu de chose à demander au sort...

19 novembre 1845, boulevard Bonne-Nouvelle, 10. — Si vous ne changez pas plus que le sort qui m'éprouve, venez à mon secours contre lui. Prêtez-moi quelque argent dans ce moment d'angoisse. Mais soyez averti que je ne pourrai vous le rendre avant le 10 juillet prochain.

9 février 1848, rue de Richelieu, 89. — Je vous remercie bien tard du soin que vous avez pris pour moi. Je suis malade de la recherche inutile d'un logement, par le froid le plus rigoureux ou la pluie... Notre nid tient à peine parmi les murs croûlants. On ne pourra bientôt plus monter l'escalier. M. Le Huby m'a dit en recevant le manuscrit des *Petits Drames des Enfants*, qu'il était surchargé des comptes de 1848 et ne pourrait *peut-être* lire avant bien du temps. Ce *peut-être* m'a bien abattue dans les tristes réalités du moment. Soutenir honnêtement une chère famille est difficile jusqu'à la fin des deux surnumérariats que vous savez, si je n'obtiens aucun relief de ma misérable plume... Si je surmonte la crainte de vous déranger de vos affaires, il faut que je sois infiniment troublée, mais je ne connais au monde que vous et M. Dumont qui m'ayez aimée dans le malheur, et M. Dumont a mal à la tête. Quant à moi, j'ai bien mal dans le cœur, tout en y trouvant avec gratitude votre bon souvenir...

Cette année 1848 devait être plus cruelle encore que les autres : sa pension suspendue, son fils Hippolyte employé dans un ministère à 40 francs par mois, son mari découragé, aigri — et rien à attendre des éditeurs... Ajoutez d'autres angoisses, plus cruelles que les soucis d'argent. « Elle est mère, mère heureuse », avait écrit Sainte-Beuve en 1842. Ses enfants étaient tout son orgueil : un mal implacable allait enlever ses deux filles.

La plus jeune, Inès, succomba la première, le 4 décembre 1846. La mère fut écrasée de douleur :

> Que voulez-vous, je suis par terre et poignardée dans mon enfant !... Jamais je n'avais osé laisser crier mes terreurs. J'allumais obstinément des lueurs d'espoir, pour pouvoir avancer, jour par jour. Et l'incompréhensible est entré et a tout éteint [1].

Mais déjà Ondine était menacée à son tour. Pendant près de dix ans, elle se débattit. En 1841, 1842 et 1843, elle était allée se confier à Londres, au docteur homéopathe Curie, mais ses soins n'avaient donné qu'une amélioration passagère. Des excès de travail aidèrent au progrès de la maladie. Vainement Mme Desbordes, qui savait par expérience, essaya d'intervenir; ses conseils ne furent pas écoutés.

Ondine avait gardé toujours, à l'égard de sa mère, une attitude respectueuse, mais sans abandon. Même durant cette longue agonie, il ne peut y avoir, entre elles, intimité véritable. Cette commune souffrance les

---

1. Lettre publiée par A. POUGIN, *liv. cit.*, p. 303.

laisse éloignées. Et cela, pour Marceline, est le plus cruel. De quel cœur elle voudrait défendre son enfant, l'entourer de sa tendresse !... Mais ses effusions sentimentales se découragent devant la raison un peu froide de cette petite personne si différente. Il y a en elle quelque chose d'étranger, de secret et d'obstiné. Elle ne veut pas être plainte, elle ne veut pas d'un amour indiscret et, devant l'énigme de cette âme douloureuse, la mère reste désemparée.

Le 16 janvier 1851, la jeune fille avait épousé le député Jacques Langlois. « Le mariage, une grossesse, l'opiniâtreté de la jeune mère à vouloir nourrir, tout cela, écrit Sainte-Beuve, devait vite devenir une cause de mort. » Le dénouement se produisit le 12 février 1853. Quelques jours après, Mme Desbordes écrivait à Charpentier une lettre encore, d'une écriture tremblante, saccadée, une écriture où se lit une affreuse détresse :

Sous le coup terrible que je reçois, je ne parlerai qu'à vous de ma misère. Je suis forcée de m'en apercevoir, au fond de mon désespoir. Si vous pouvez encore l'amoindrir, faites-le, bon Charpentier. Dieu qui me frappe ne punira pas ceux qui m'auront soutenue au Calvaire... Je ne veux appeler à moi que vous !

Ces préoccupations matérielles en un pareil moment : n'y a-t-il pas là quelque chose de poignant, et cette lettre n'est-elle pas éloquente en sa simplicité nue? Des joies sans lendemain, des soucis vulgaires et de grandes douleurs — c'est toute la vie de Marceline Desbordes.

Index Alphabétique

des Noms propres

Table des Gravures

Table des Matières

www.ingramcontent.com/pod-product-compliance
Ingram Content Group UK Ltd.
Pitfield, Milton Keynes, MK11 3LW, UK
UKHW021146260726
13994UKWH00001B/315